JEUX OLYMPIQUES 2000

Les géants de Sydney

Auteur de plusieurs ouvrages chez Calmann-Lévy, Guillaume Rebière est chef du service des sports du *Journal du dimanche.*

N° d'éditeur : 13053/01
Dépôt légal : octobre 2000
ISBN : 2-7021-3161-1

JEUX OLYMPIQUES 2000

Les géants de Sydney

TEXTES GUILLAUME REBIÉRE - PHOTOGRAPHIES DPPI-SIPA

calmann-lévy

David Douillet restera comme le grand symbole français des Jeux de Sydney. Vendredi 22 septembre, après quatre combats magnifiques, il vient à bout en finale du Japonais Shinohara (en haut à droite) et remporte une deuxième médaille d'or olympique.

Giro
F.F.C.
FRANCE
MAVIC
MAVIC
LOOK

Pour ses derniers jeux Olympiques sans doute, plus que jamais déterminée, Félicia Ballanger enlève l'or sur 500 m et en vitesse individuelle. Le prodige Florian Rousseau s'impose sur le keirin et en vitesse par équipes. Il y a ajouté l'argent sur la vitesse individuelle.

Le sens artistique et l'expression sont le point fort des huit naïades françaises, mais pas forcément l'exécution. Après le bronze du duo Dedieu-Lignot, l'équipe de France de natation synchronisée obtient tout de même une très belle quatrième place en ballet.

France

Auteur de 13 points, Antoine Rigaudeau a contribué à la qualification pour la finale (page de gauche). En fin de match, revenue à 4 points des États-Unis, l'équipe de France ne pourra pas lutter contre la puissance de Kevin Garnett sous les panneaux (ci-dessous).

FRANCE
adidas
SYDNEY 2000

LES JEUX DU SIÈCLE

« Merci Sydney, la Nouvelle-Galles du Sud et l'Australie. Vous avez organisé les meilleurs Jeux à ce jour. » Tous les quatre ans, c'est convenu : dans le discours de clôture de Juan Antonio Samaranch, les Jeux qui s'achèvent sont toujours les plus beaux de l'histoire. Et si cette fois-ci, au-delà de l'obligeance protocolaire, le président du Comité international olympique disait simplement son sentiment sincère ? Si ces Jeux de Sydney, les derniers auxquels lui-même assiste avant de quitter la scène en 2001, se révélaient les plus chaleureux, les mieux organisés, les plus spectaculaires ?

Que l'événement se tienne à la charnière des siècles, au tournant aussi d'une histoire olympique marquée par une crise profonde, quatre années rythmées par le dopage et la corruption, lui donnait de nouvelles obligations, un besoin de jouvence, une exigence de morale. Il y eut bien quelques affaires de dopage, dont la plus retentissante avait une dimension conjugale inédite : le lanceur de poids C.J. Hunter, gavé de nandrolone selon quatre contrôles positifs, s'appelait en fait Mr Jones, mari de Marion, appelée à devenir la reine des Jeux. Il y eut bien aussi quelques problèmes de transport par-ci, de logement par-là, mais rien qui empêche un bon déroulement et une belle dose de fête. Sans doute les Jeux et Sydney étaient-ils fait l'un pour l'autre.

Après, il y a toujours deux manières de se souvenir des jeux Olympiques. Inviter la mémoire de l'émotion ou convoquer les comptables au bilan. C'est que la matière ne manque pas. En un temps si court, seize jours de compétition seulement, mais sur des théâtres si vastes, trois cents épreuves et pas loin de mille médailles octroyées, on vit dans un bouillonnement ininterrompu de sollicitations. Et cette fois-ci, depuis la très lointaine Australie, même la nuit n'accordait pas de répit à l'ivresse du sport. Que des femmes et des hommes hurlent de bonheur ou pleurent de détresse, que des histoires ordinaires se nouent en aventures admirables, que certains héros tombent dans l'oubli, c'est là le destin des champions qui appartiennent pour toujours à ceux qui les admirent. Chacun s'est approprié Freeman, Douillet, Jones, Thorpe, Pérec, Redgrave, Van Moorsel, Asloum, tant d'autres, et en gardera une trace très personnelle.

Au soir de la clôture, les champions font aussi leurs comptes. Avec une lucidité qui ne tolère pas toujours le lyrisme. Qui est donc la grande dame des Jeux de Sydney ? L'allégorique Cathy Freeman et son 400 m qui a fait bien plus que le tour de la piste, carrément le tour de la Terre ? La sculpturale Marion Jones et ses cinq médailles autour d'un cou gracile ? Le souvenir gardera l'Aborigène, les annales retiendront l'Américaine. Sans accomplir son pari démesuré de décrocher cinq titres, Jones est devenue l'athlète féminine la plus médaillée de l'histoire ; encore que les hommes qui l'égalent ou la dépassent, tel le Finlandais Paavo Nurmi à Paris en 1924, ont réalisé leurs exploits à des époques préhistoriques, sans commune mesure dans la concurrence, par exemple.

Dans la galerie des stars de Sydney, bardées de trois médailles d'or, on compte d'ailleurs trois autres femmes, les nageuses Inge De Bruijn et Jenny Thompson, la cycliste Leontien Ziljaard-Van Moorsel, et seulement deux hommes, les nageurs Ian Thorpe et Lenny Krayzelburg. Signe que les performances féminines vont plus vite encore que les progrès de la parité (40 % des 10 000 engagés de Sydney étaient des femmes). Certains hommes n'ont triomphé qu'une fois dans la quinzaine mais sont d'admirables récidivistes : à trente-huit ans, le rameur britannique Steven Redgrave a remporté sa cinquième médaille d'or en cinq olympiades successives ; le boxeur cubain Felix Savon triple dans la catégorie reine des poids lourds, après Barcelone et Atlanta.

D'autres ont échoué dans cette quête de la durée qui amène le champion dans une autre dimension, tel le colosse russe Alexander Kareline, lutteur ardent et amateur de poésie, qui perd en finale un quatrième trophée. Il y a aussi ceux qui prennent soudain la lumière, comme le nageur néerlandais Peter Van den Hoogenband, et ceux qui s'éclipsent dans un sublime anonymat : Sergueï Bubka achève la plus grande carrière de l'athlétisme mondial dans la séance des qualifications, sans avoir franchi une barre. Il y a enfin ceux qui écrivent à nouveau leur légende, revenus de tout, absolument inébranlables, ce David Douillet champion olympique des lourds une deuxième fois, plus grand judoka de l'histoire devant le mythique Yamashita, et ceux qui prennent la fuite : Marie-José Pérec quitte Sydney deux jours avant un retour à la compétition si espéré, ce duel contre Cathy Freeman, épuisée par le harcèlement dont elle s'estime victime, prise dans son propre enfermement ; un drame qui méritait plus la compassion que ce mépris si ostensiblement affiché après la dérobade de la plus grande athlète française.

Avec ou sans ses vedettes, la France a tenu son rang de nouvelle puissance à Sydney, en dépassant le record de médailles d'Atlanta : 38 contre 37. Neuf disciplines étaient médaillées en 1996, treize le sont en 2000. Cyclisme, judo, escrime assurent la moitié de la récolte, une habitude désormais. De nouvelles voies ont été ouvertes en boxe ou en gymnastique, qui enregistre ainsi son meilleur résultat depuis 1924, avec deux médailles certes. Constat plus accablant pour la natation et l'athlétisme, ces deux piliers qui font les sagas de l'olympisme : les Bleus n'ont rapporté que l'argent de Roxana Maracineanu, ce qui renvoie le pays à un statut de sous-développé.

Au palmarès des nations, plus édifiant sur l'état du monde que n'importe quel traité de géopolitique, la France se classe sixième (une place de perdue par rapport à Atlanta). Elle est la deuxième nation européenne derrière l'Allemagne, comme si ce couple-là devait aussi se tirailler sur les stades. Et, il fallait s'en douter, les États-Unis dominent le monde, avec 97 médailles, dont 39 en or. Soutenue par son inestimable réservoir de richesses naturelles, la Russie rappelle qu'il faut compter sur elle (88-32). La Chine s'affirme un peu plus (59-28). L'Australie capitalise son dynamisme (58-16). C'est d'ailleurs l'un des aspects les plus magiques des jeux Olympiques, l'opportunité qu'ils donnent à un pays de transformer sa destinée. Les Jeux de Barcelone avaient accéléré la mutation de l'Espagne. Les Jeux de Sydney ont installé l'île-continent dans les nations phares du troisième millénaire. Au sport, cette quinzaine australe aura légué quelques valeurs nouvelles. Ce n'est pas le moindre patrimoine à faire fructifier dans le siècle qui commence.

Guillaume Rebière

VENDREDI 15 SEPTEMBRE

L'émotion submerge le Stadium Australia. Sous une cascade d'eau, Cathy Freeman l'Aborigène allume la flamme de la réconciliation. La cérémonie d'ouverture des XXIVe jeux Olympiques restera un hommage aux premiers habitants de l'île-continent, qui a aussi célébré sa nature, son espace, son océan dans un spectacle grandiose de 12 500 figurants, applaudi par 110 000 spectateurs dans la plus vaste enceinte jamais bâtie pour une fête olympique. Au-delà de l'emblème représenté par Freeman, dernière relayeuse de la flamme, les Aborigènes demeurent les humiliés de l'histoire australienne, qui bascule vers un siècle de prospérité grâce à l'impact planétaire des JO. Juan Antonio Samaranch vit, lui, ses derniers Jeux avant de quitter la présidence du CIO. Plus qu'un discours dédié aux valeurs éducatives du sport, il a laissé le défilé des délégations donner du sens à son règne sans partage sur le mouvement olympique. Les femmes y furent honorées. Symbole de son action internationale, les athlètes des deux Corées ont défilé ensemble pour la première fois, sous un drapeau commun représentant la péninsule. Autres temps forts : une première équipe du Rwanda, une délégation de Bosnie-Herzégovine multiethnique ou encore quatre représentants du Timor-Oriental défilant derrière la bannière du CIO.

Dans le défilé, David Douillet (en bas à droite) porte le drapeau français. Couleurs et lumières, la cérémonie d'ouverture fut très belle. Surprise finale : c'est l'Aborigène Cathy Freeman qui allume la flamme (page de gauche).

MAVIC
MAVIC

SAMEDI 16 SEPTEMBRE

La France sort à peine de la nuit que sa première médaille d'or pend au cou d'un miraculé. Le tireur Franck Dumoulin inaugure le tableau des récompenses en remportant le titre au pistolet à 10 m. Alors qu'un an plus tôt, il se déplaçait en fauteuil roulant à la suite d'un accident de moto ! « C'est énorme », lâche-t-il. Comme la performance de Félicia Ballanger qui enlève le premier des deux titres qu'elle convoite, le 500 m. En revanche, Arnaud Tournant ne s'attendait pas à cette désillusion : cinquième du kilomètre après une défaillance dans le dernier tour. Avec une médaille d'argent, la centième de l'escrime française aux JO, l'épéiste Hugues Obry complète une journée inaugurale intense, marquée par la déception du judo.

Rendez-vous de la première semaine, la natation voit le triomphe spectaculaire de l'Australie : titres et records du monde sur 400 m nage libre pour le prodige Ian Thorpe, sur le relais 4 x 100 m, avec record du 100 m au passage pour Michael Klim en 48'18". Au judo, la suprématie japonaise s'installe : deux titres. Sur le triathlon, la Suissesse McMahon donne un visage séduisant à une nouvelle discipline. Émotion déjà, c'est parti…

Ballanger souffre pour l'or sur 500 m (page de gauche). Le premier titre français revient au tireur Franck Dumoulin (en haut). L'épéiste Hugues Obry apporte la troisième médaille du jour (au centre à droite). Triomphe du relais australien avec Fydler, Callus, Klim et Thorpe (en bas à droite). Devant l'opéra de Sydney, le départ du triathlon féminin (au centre à gauche). Premier titre du judo japonais avec Nomura (en bas à gauche).

Ian Thorpe

LA « TORPILLE » LANCE LES JEUX

Un sourire ingénu et néanmoins vorace, c'est l'étrange alchimie d'un champion nouveau qui plonge la natation dans un autre millénaire. C'est un gamin de Sutherland, banlieue sud de Sydney, là où est né le crawl il y a cent ans. Ian Thorpe rassemble dans son corps immense et souple tout ce qu'une discipline peut inspirer de perfection. « C'est un rêve qui se réalise », dit-il lui-même, sans comprendre vraiment ce qui survient. Ce premier jour de ses premiers Jeux, il lance sa première finale – le 400 m nage libre – sur des bases insensées. Sans avoir dix-huit ans encore, il en détient déjà le record du monde. Le public de l'Aquatic Centre bouillonne pour cet athlète modèle, quintessence de la morale sportive australienne, mâtinée d'anciennes vertus qui saluent un esprit sain dans un corps sain. Il est intelligent, instruit, poli. Son site Web est l'un des plus visités du pays. Ses sponsors se pâment : une banque, une société de téléphonie, une chaîne de télévision, une compagnie aérienne...

Dans la dernière ligne droite de ce 400 m, une inexorable accélération l'envoie vers un nouveau record : 3'40"59, huit dixièmes gagnés sur lui-même, son seul adversaire finalement. Pour ce jeune homme sans faille, qui regarde la série « Friends » à la télévision et aime écouter Offspring ou Greenday, les limites n'existent pas. Une heure après son premier exploit, Ian Thorpe récidive dans le relais 4 x 100 m nage libre. Dernier nageur, c'est lui qui va dompter l'Américain Gary Hall, qui va apporter à l'Australie une deuxième médaille d'or, un nouveau record du monde (3'13"67). Il a nagé son 100 m en 48"30, le cinquième chrono de tous les temps, qui témoigne de la diversité de ses capacités, de ses promesses de sprinter.

Héros du premier jour, Ian Thorpe poursuit sa quête tranquille et insensée par le 200 m nage libre et le relais 4 x 200 m nage libre. « Quand vous nagez chez vous, devant les Australiens, vous ne pouvez pas les laisser tomber », clame-t-il. Bonnet jaune sur la tête, combinaison noire intégrale, il entre à l'âge de l'innocence dans le panthéon des champions de l'île-continent. Si Dawn Fraser, trois fois championne olympique sur 100 m en 1956, 1960 et 1964, est la nageuse du siècle, le monde a sans doute découvert le nageur d'un autre temps.

Combinaison intégrale et bonnet jaune, son air sympathique ne doit pas tromper. Chez lui à Sydney, Ian Thorpe tente un pari invraisemblable dans la natation moderne : cinq médailles d'or. Ce jour-là, il réussit le doublé 400 m nage libre et relais 4 x 100 m avec l'équipe d'Australie. Seul un autre phénomène, Pieter Van den Hoogenband, peut le battre sur le 200 m nage libre.

AUS

Haute tension sur l'escrime française : dans une posture très acrobatique, l'épéiste Hugues Obry s'impose 15-13 en demi-finale face au Suisse Fischer (ci-dessous). Il s'inclinera ensuite 15-12 devant le Russe Kolobkov (à droite). Médaille d'argent tout de même.

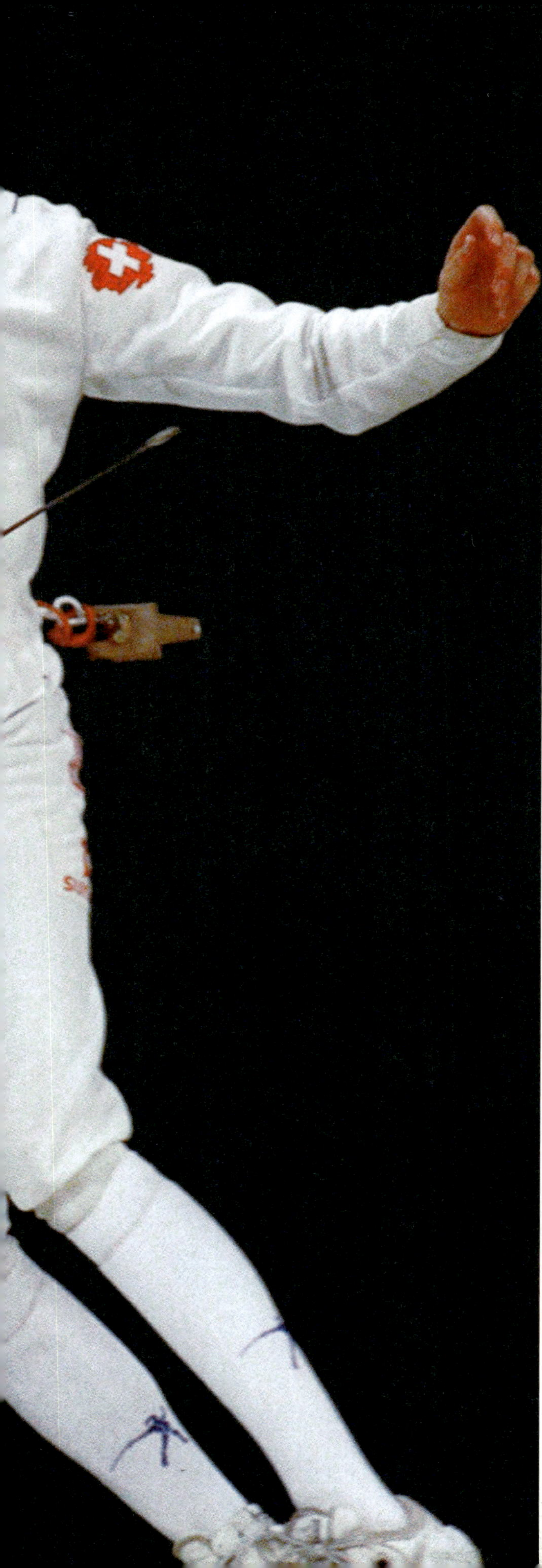

DIMANCHE 17 SEPTEMBRE

Si Sydney attendait tout spécialement les compétitions de natation, les nageurs le lui rendent bien. Trois records du monde tombent à nouveau, soit huit en deux jours ! Cette fois, Ian Thorpe se voit dépossédé de son record du 200 m nage libre par le Néerlandais Pieter Van den Hoogenband dès la demi-finale (1'45"35). L'Américain Tom Dolan, médaille d'or du 400 m 4 nages, et la Néerlandaise Inge De Bruijn, championne olympique du 100 m papillon, ont abaissé leur propre marque.

La France maintient son cap : trois nouvelles médailles, dont l'or des pistards Gané-Rousseau-Tournant en vitesse par équipes. L'argent de Larbi Benboudaoud et le bronze de Laura Flessel sont amers, tant le judoka semblait invincible avant de céder en finale face au Turc Ozkan, tant l'épéiste guadeloupéenne est passée tout près, battue 15-14 en demi-finale par la Hongroise Nagy, future championne olympique.

En haltérophilie, le légendaire Turc Naim Suleymanoglu a manqué son pari d'un quatrième titre en moins de 62 kg. Pour son entrée dans le tournoi, la Dream Team IV a balayé la Chine (119-72). Le Canadien Whitfield devient le premier champion olympique de triathlon.

Flessel (en haut), le trio cycliste de la vitesse (en bas à droite) et Benboudaoud finaliste contre Ozkan (en bas à gauche), ce sont les trois médailles bleues du jour. La natation en folie : or et record pour Dolan sur le 400 m 4 nages (page de droite) et pour De Bruijn sur le 100 m papillon (au centre à gauche). En haltérophilie, titre pour le Croate Pechalov en – 62 kg (au centre à droite).

Gané-Rousseau-Tournant

TROIS FUSÉES BLEUES

Ils sont tantôt frères, tantôt ennemis, avec une idée fixe partagée par tous : gagner. Gagner, mais dans le respect, gagner comme de vrais champions. Au bord de la piste, ils se tiennent par le bras tous les trois, se congratulent avec pudeur, reçoivent les félicitations de leurs entraîneurs, Daniel Morelon et Gérard Quintyn. Dans l'ordre de départ, Laurent Gané, Florian Rousseau et Arnaud Tournant sont devenus champions olympiques de vitesse par équipes, l'une des quatre épreuves de cyclisme sur piste nouvellement inscrites au programme des JO.
Dans cette finale, les trois fusées bleues ont toujours gardé quelques dixièmes d'avance sur les Britanniques, crédités de temps très proches des Français lors des deux tours de qualification. Indissociables, Gané, Rousseau et Tournant ont terminé chacun de leur tour en tête. Pour le finisseur, Arnaud Tournant, c'est une rédemption : il est opposé au vainqueur du kilomètre, Jason Queally, et, cette fois, il ne lâche pas.
Pris de convulsions et même de vomissements après la désillusion de ce premier titre individuel échappé, le Nordiste tombe maintenant en pleurs, qui mêlent l'émotion de la victoire et les relents de la déception. À vingt-deux ans, le Nordiste détient un palmarès déjà copieux de cinq couronnes mondiales, dont trois en vitesse par équipes, discipline dans laquelle la France est invaincue depuis 1997. « Je ne pouvais pas compromettre la victoire de l'équipe à cause d'un sentiment personnel », dira-t-il.
Dans l'école de la piste française, qui présente à Sydney la plus impressionnante délégation de son histoire, Tournant avait succédé sur le kilomètre à Florian Rousseau, passé à la vitesse, là même où Laurent Gané (vingt-sept ans) est venu bousculer la domination mondiale écrasante du coureur orléanais depuis 1996. Champion prodige, modèle de professionnalisme, Rousseau n'a que vingt-six ans. Il passe pour l'héritier naturel de Daniel Morelon, la figure historique, dernier champion olympique de vitesse à Munich en 1972, et qui se trouve être l'entraîneur de son principal concurrent, Laurent Gané…
Cet enchevêtrement des compétences et de rivalités n'a jamais nui au cyclisme sur piste français. Ce titre olympique par équipes en témoigne.

Battus individuellement, les trois pistards français ramènent un beau bouquet de Sydney : la vitesse par équipes (en haut). Dans l'ordre : Gané démarreur, Rousseau dans le sillage et Tournant finisseur (à droite).

FRANCE
F.F.C
Giro
LOOK

Qu'est-il arrivé à Larbi Benboudaoud ? Impérial dans sa catégorie des – 66 kilos, il marque ippon à chaque combat. Vient la finale contre le Turc Ozkan. Après un round d'observation, le champion du monde lance une attaque mais se fait contrer.

Canoë-Kayak
FRANCE
Canoë-Kayak
FRANCE

LUNDI 18 SEPTEMBRE

Comment récolter six médailles et s'en trouver déçu ? C'est le paradoxe vécu par l'équipe de France ce jour-là. L'or est venu de Tony Estanguet, premier champion olympique français en canoë monoplace, qui a justifié son statut de numéro un mondial. En kayak féminin, Brigitte Guibal et Anne-Lise Bardet ont attrapé l'argent et le bronze. Une performance d'ensemble remarquable pour le canoë-kayak tricolore, qui a fait en un jour presque aussi bien qu'à Atlanta (quatre médailles).

L'autre satisfaction de la journée est venue du tir, avec la Parisienne Delphine Racinet, deuxième du concours de fosse olympique. Sur la piste, Marion Clignet manque l'or en poursuite, comme il y a quatre ans. La déception véritable vient de l'escrime, où le trio de l'épée Srecki-Di Martino-Obry a lâché l'or sur la dernière touche, à 38 partout, après avoir mené tout le match.

Au soir du troisième jour, la France occupe la deuxième place au tableau des médailles, derrière les États-Unis. La Chine, elle, se réveille : victoire historique dans le concours de gymnastique masculine par équipes. L'haltérophile Yang a aussi remporté l'or en – 53 kilos, record du monde en prime.

Tony Estanguet sur son canoë (page de gauche), c'est la médaille d'or d'un jour faste pour la France : l'argent pour l'équipe d'épée avec Srecki, Di Martino et Obry (en haut), l'argent et le bronze pour Guibal et Bardet en canoë (au centre et en bas à droite), l'argent pour Racinet en tir (en haut à gauche). La Chine remporte le concours par équipe de gymnastique (au centre à gauche) et Megan Quann triomphe sur le 100 m brasse (en bas à gauche).

Pieter Van den Hoogenband

LE GÉANT ORANGE

Le duel fut somptueux, un vrai thriller aquatique. Ian Thorpe et Pieter Van den Hoogenband s'affrontent en finale du 200 m nage libre. Quatre longueurs de bassin, autant de rebondissements. « VDH » boucle les premiers 50 mètres avec quatre centièmes d'avance sur l'Australien, que tout un stade bariolé de vert et jaune pousse vers une nouvelle médaille d'or. Et ça marche : « Thorpedo » maintient d'abord l'écart aux 100 mètres, puis revient à hauteur avant la dernière longueur, dans le même centième de seconde ! Le suspense culmine à la reprise de nage, quand les deux hommes sortent de l'eau. Le Néerlandais emballe la course dans son style tout en vélocité. Il se détache et vient l'emporter d'un bras, en égalant le record du monde (1'45"35) qu'il avait lui-même établi la veille en demi-finale. À vingt-deux ans, Van den Hoogenband fait triompher la natation des Pays-Bas, spécialement le club du PSV Eindhoven, plus connu pour son équipe de football. Son père en est d'ailleurs le médecin officiel et de Pieter il voulait faire un footballeur. Plutôt taciturne, le gamin préférait la piscine, où sa mère, ancienne nageuse internationale, le poussait. Il s'y entraîne comme un forcené avec un autre phénomène orange, Inge De Bruijn, triple championne olympique du 50 m nage libre, du 100 m nage libre et du 100 m papillon.

Révélé aux Championnats d'Europe 1999, où il remporte six titres, « VDH » restait le premier homme à avoir battu Alexander Popov, le plus grand nageur des années 1990. Il est allé beaucoup plus loin. Après ce premier sacre sur le 200 m, le prodige s'est joué une nouvelle fois du Russe et de l'Australien Klim sur le 100 m, crevant la barre des 48" en demi-finale pour un nouveau record du monde (47"84), avant de ramasser l'or en finale. Ce grand gaillard un peu sec (1,92 m pour 76 kilos seulement) promène une candeur non feinte au bord des bassins. « Pendant que Ian battait des records, je m'entraînais encore et encore », explique-t-il modestement. En trois jours, il prend à Thorpe le rôle du héros. Le public de Sydney ne lui en veut pas. Pour fêter son triomphe, Pieter Van den Hoogenband a emmené son rival australien dans un séduisant tour d'honneur.

À la fin des Jeux de Sydney, Pieter Van den Hoogenband peut triompher. Il présente le meilleur bilan individuel chez les hommes, mieux que Ian Thorpe : de l'or sur le 100 m et le 200 m nage libre, avec deux records du monde en prime, et du bronze sur le 50 m nage libre.

5
swat

Éric Srecki disputait ses derniers JO. Aussi, l'équipe de France d'épée souhaitait lui offrir une nouvelle médaille d'or. Pour une seule touche en mort subite, perdue par Hugues Obry, la France doit malheureusement s'incliner en finale face à l'équipe italienne (39-38).

MARDI 19 SEPTEMBRE

Les Jeux servent aussi à abattre les limites. Deux barrières symboliques tombent : en natation, le phénoménal Pieter Van den Hoogenband passe sous les 48" au 100 m nage libre (47"84). En cyclisme, l'équipe de poursuite allemande descend sous les 4' sur 4 km (3'59"710), dans la discipline où la France fut sacrée à Atlanta.
Autres titres envolés dans un jour guère faste pour les Bleus, ceux de l'épée par équipes femmes (Flessel, Barlois, Tripathi), avec une élimination dès les quarts de finale. Même sanction pour Djamel Bouras, très convaincant pourtant avec trois ippons successifs, avant de céder face au futur vainqueur japonais Takimoto. Il lâche aussi le bronze à l'Estonien Budolin. Une seule médaille, mais elle est en or : Séverine Vandenhende s'impose en 63 kg.
Les Chinois poursuivent leur razzia en haltérophilie, avec deux nouveaux titres. Les gymnastes roumaines remportent le concours par équipes, après seize ans de frustration. Le tournoi de tennis débute par deux défaites françaises : tête de série, Mauresmo s'incline face à la Colombienne Zuluaga. Même déception pour Escudé, battu par l'Argentin Chela.

Poursuite record pour les pistards allemands (en haut) et concours en or pour les gymnastes roumaines, comme Amanar au sol (page de gauche). Les Russes avec Kolesnikova (en bas à gauche) arrivent seulement deuxièmes. Joie et peine pour le judo français : l'or de Vandenhende (en bas à droite) et la 4e place de Bouras (à droite au centre). Élimination en tennis au premier tour pour Mauresmo (au centre à gauche).

Séverine Vandenhende

L'HONNEUR DU JUDO FRANÇAIS

« Tout athlète rêve d'aller aux JO. Moi, j'y suis et en plus je gagne ! » En la voyant impassible au moment du verdict, on avait bien pensé qu'elle ne réalisait pas. Séverine Vandenhende ne se rendait pas compte qu'elle était devenue championne olympique, que sa vie ne serait plus jamais la même. La médaille d'or autour du cou, le drapeau bleu-blanc-rouge qui monte au mât du dojo, elle comprend enfin, sourit sereinement, ravale quelques larmes.
La championne du monde 1997 vient en même temps de laver l'honneur du judo français, qui cherchait sa première médaille d'or depuis le début des Jeux. Après quatre jours de compétition, dans la discipline qui comptait six médailles à Barcelone, quatre à Atlanta, on n'en dénombrait qu'une à Sydney (Benboudaoud en argent). « Dans le tableau des médailles, je comptais sur elle, dit justement le directeur technique national Fabien Canu. On n'est pas surpris. On a là quelqu'un de très grande valeur. Quand elle a les deux mains sur son adversaire, il ne peut pas lui résister. »
Vrai que Vandenhende semblait imbattable. Quatre combats avant de parvenir en finale, autant de ippons. La favorite japonaise Maeda, championne du monde 1999, écartée de son tableau, il restait une Chinoise sur le chemin du triomphe de la Française. L'affrontement est âpre : les deux combattantes se rendent pénalité pour pénalité, shido pour shido. Le dénouement survient à onze secondes de la fin avec une deuxième pénalité fatidique pour Shufang Li.
Dans les yeux de la judoka de Dechy, ville du Nord, repassent alors trois années périlleuses depuis son titre mondial, obtenu à vingt-trois ans, si jeune, trop jeune. Douée, dotée d'un physique exceptionnel, Séverine a souvent négligé l'entraînement. Blessée à l'épaule, puis au ligament externe du genou gauche, elle prépare sans conviction le Mondial 1999. Elle sera éliminée rapidement, en vomissant sur le tapis ! Elle songe arrêter sa carrière… Un an plus tard, elle devient championne olympique. Vandenhende rejoint Cécile Nowak, qui la conseille maintenant, Cathy Fleury et Marie-Claire Restoux dans le cercle des femmes en or du judo français.

Son palmarès était riche d'un seul titre, mondial il est vrai, obtenu à vingt-trois ans en 1997. C'est en venant à bout de la Chinoise Shufang Li qu'elle obtient sa médaille d'or olympique. Joué à coups de pénalités, le combat fut tendu jusqu'au bout. Tout s'est joué finalement dans les dernières secondes, avant l'explosion de bonheur de la Nordiste, grande amatrice de football et supportrice du RC Lens.

MERCREDI 20 SEPTEMBRE

Le talent enfin consacré. Alexei Nemov remporte le concours général de gymnastique, après avoir échoué à Atlanta. Artiste, danseur étoile plus qu'athlète, le Russe a séduit les juges et le public, qui l'acclament : note finale de 58,474 et ovation générale dans les gradins du Superdome de Sydney. Les Français sont placés : Karbanenko 15e, Cucherat 16e et Varonian 20e.

Les médailles du jour flirtent entre confirmation et déception. Ballanger est au rendez-vous de son deuxième titre, en vitesse. Rousseau et Gané ont perdu trop d'énergie dans leur affrontement en demi-finales. Le premier cède l'or à l'Américain Nothstein, le second le bronze à l'Allemand Fiedler. Au judo, Demontfaucon apporte une médaille de bronze en moins de 90 kilos. Désillusion pour le duo du canoë Adisson-Forgues, titré à Atlanta, qui rate l'avant-dernière porte et passe de la 2e à la 7e place. Au fleuret, il manque une touche à Ferrari pour le bronze. Les équipes françaises de handball masculin et de basket féminin assurent leur qualification pour les quarts en battant l'Espagne (25-23) et le Canada (70-58).

Les équipes de France passent en quarts : le hand masculin contre l'Espagne (à gauche au centre) et le basket féminin face au Canada (à droite au centre). La deuxième marche du podium pour Rousseau (en bas à gauche) et le bronze pour Demontfaucon (en haut à droite) en judo. Un tsar sacré, le gymnaste Nemov (en haut à gauche), et un tsar déchu : le nageur Popov par « VDH » (page de droite). L'Italien Fioravanti remporte l'or du 200 m brasse (en bas à droite).

TIMING
SPEEDO

Félicia Ballanger

CHAMPIONNE D'UN SIÈCLE

Un instant, la peur paralyse le camp français. Deuxième manche de la finale de vitesse, Félicia Ballanger tarde à lancer cette mécanique superbe et implacable qui l'a fait triompher sans partage depuis cinq ans. Oxana Grichina en profite et égalise. Il faut une belle, ce que la Française n'a plus jamais connu depuis les Championnats du monde de Perth, en 1997. « J'étais prête à lâcher, confesse-t-elle. Un titre, c'était déjà beau. Et ce titre, je l'avais obtenu le premier jour. Passé ce moment d'absence, je me suis ressaisie, je ne voulais pas tout gâcher. »

Sur le bord de la piste, son entraîneur, Daniel Morelon, comprend le danger. Il a quelques minutes pour la remotiver. Dans la finale, la Russe choisit le surplace, la provocation stratégique. Ballanger semble entrer dans le jeu tactique ; elle bluffe. Plongeon à la corde, et la championne olympique du 500 m impose un long sprint de deux tours de piste à son adversaire, qui ne la reverra plus.

Sur le podium, l'émotion saisit Félicia comme au premier de ses treize titres, JO et Championnats du monde confondus. C'est peut-être le dernier, même si elle a repoussé le temps de la retraite. En tout cas, la voilà à vingt-neuf ans championne la plus titrée de l'histoire du sport français, avec une autre cycliste sur ses talons, Jeannie Longo, qui détient un titre olympique et douze mondiaux. « J'ai du mal à les compter, soupire Ballanger après son nouvel exploit. Ce sont les émotions qui importent, mais une telle longévité, c'est forcément beaucoup de travail. »

C'est de plusieurs échecs que la Vendéenne a tiré un tel palmarès. Aux Mondiaux 1990 et 1991, aux Jeux de Barcelone un an plus tard, elle échoue trois fois à la quatrième place. Physiquement, elle est déjà la plus forte. Le manque s'avère mental. Le psychologue Gilbert Avanzini commence alors à la conseiller. Les succès ne cesseront plus. Lui dit : « Ses grandes qualités sont la ténacité, l'intelligence et une remise en question perpétuelle. » Ce mercredi, au vélodrome de Sydney, juste après cette absence, cette manche inexplicablement perdue, Félicia Ballanger saura trouver au fond d'elle-même cette petite remise en cause qui va faire d'elle la championne d'un siècle.

La reine Félicia a le sourire serein sur le podium de la vitesse (en haut), sa deuxième médaille d'or à Sydney après le 500 m. Elle est entourée de la Russe Grichina et l'Ukrainienne Yanovitch. Sur le vélo, en revanche, sa hargne est implacable, comme en demi-finale face à l'Australienne Michelle Ferries (page de droite).

Le Russe Nemov est un gymnaste complet. À la barre fixe, aux anneaux, il réussit tout avec grâce. À vingt-quatre ans, il remporte son premier titre au concours général, après avoir laissé échapper celui d'Atlanta. Il a obtenu 58,474 points.

176
Sydney 2000
Sydney 2000
Sydney 2000

SYDNEY 2000
SYDNEY 2000

JEUDI 21 SEPTEMBRE

La natation aime les doublés. Après Van den Hoogenband, les Pays-Bas fêtent Inge De Bruijn, sa collègue en records du PSV Eindhoven, qui remporte le 100 m nage libre après le 100 m papillon. L'Américain Lenny Krayzelburg double, lui, les 200 m et 100 m dos. Rosolino enlève le 200 m 4 nages : troisième médaille d'or pour l'Italie, qui n'en avait jamais gagné en un siècle !

Pour l'histoire, l'Azerbaïdjan obtient sa première médaille d'or aux Jeux grâce à la tireuse Zemfira Meftakhetdinova. Plus conventionnel : la Roumanie truste le podium du concours général individuel de gymnastique. Deux finalistes français sur le keirin, mais un seul médaillé, et c'est l'or pour le divin Rousseau. Au sabre, bonne surprise avec Mathieu Gourdain en argent.

Pour ses quatrièmes JO, le judoka Stéphane Traineau repart en bronze. Scandale unanime dans la finale féminine des moins de 78 kilos : Céline Lebrun est spoliée de la victoire sur décision des juges, bien qu'elle ait mené tout le combat. « C'est pire que de l'incompétence, c'est du vol », s'insurge le DTN Fabien Canu.

Médaillé de bronze, Pascal Traineau exulte (à gauche au centre), tandis que Céline Lebrun s'estime volée de sa victoire en finale (à droite au centre). Mathieu Gourdain paré d'argent au sabre (en bas à gauche). Dans la piscine de Sydney, Krayzelburg remporte le 200 m dos (en haut) et De Bruijn le 100 m nage libre (en bas à droite). Sur la lancée de leur titre par équipe, les Roumaines prennent les trois places du podium individuel (page de gauche), mais Andreea Raducan est privée de l'or pour cause de dopage.

Florian Rousseau

LE PRODIGE ACCOMPLI

« Je faisais le keirin pour le plaisir. À un tour de la fin, je me suis dit que j'avais une chance de médaille. À deux mètres de la ligne, je n'y croyais pas. Quand j'ai réalisé que j'avais gagné, je me suis dit que c'était fou ! » Florian Rousseau sourit aux anges, comme le gamin de Patay, dans le Loiret, dévalait les rues autour de chez lui à patinette. Il est champion olympique, pour la deuxième fois à Sydney après la vitesse par équipes, et pour la troisième fois dans une carrière magistralement exemplaire.

Nouvellement admis aux JO, le keirin est cette discipline originaire du Japon, ponctuée d'un sprint musclé, où le jeu de coudes importe souvent autant que la puissance. Le Français s'y est exercé là-bas, à l'invitation des Japonais, qui parient sur les courses comme on fait son tiercé. Il n'est pas spécialement à l'aise dans l'exercice parce que ce modèle de sportivité goûte plutôt l'intimidation et le risque. Dans la finale, tous les caïds sont là : son compatriote Frédéric Magné, plusieurs fois champion du monde, l'Américain Marty Nothstein, sacré en vitesse la veille. Sans oublier l'Australien Gary Neiwand et l'Allemand Jens Fiedler, les deux as du sprint.

À l'arrivée, c'est exactement le podium, comme un résumé parfait de dix ans de cyclisme sur piste. Rousseau s'est placé d'emblée dans le sillage de Neiwand et il résiste avec une détermination inhabituelle à la pression de ses poursuivants. Dans l'emballement final, il envoie tout son corps dans la bagarre et l'emporte d'un bout de roue. Fiedler prend la troisième place. Tout passe par les yeux chez Florian : la volonté et l'énergie lui donnent le regard exorbité avant chaque départ ; le bonheur rayonne d'un immense éclat après la victoire. « Mon rêve secret, c'était trois médailles. Je suis sur un petit nuage », s'enthousiasme-t-il.

Champion du monde du kilomètre en 1993, dès l'âge de dix-neuf ans, Florian Rousseau incarne l'école de la piste française, qui connaît sous son emprise des succès ininterrompus. Avec trois titres olympiques, il rejoint le légendaire Daniel Morelon, par ailleurs entraîneur de son rival Laurent Gané. Avec le keirin, il enlève la dernière compétition des Jeux 2000, où la France confirme sa suprématie avec six médailles, dont quatre en or. Un prodige accompli détient la plus grosse part de ce butin.

À vingt-six ans, il a le plus beau palmarès de la piste française et c'est dans le keirin, pas vraiment sa spécialité, qu'il va chercher la troisième médaille d'or de sa carrière, la deuxième à Sydney. Florian Rousseau peut faire un tour d'honneur totalement mérité, et qui sait si on ne le retrouvera pas à Athènes en 2004.

FRANCE
F.F.C.

FRANCE
SYDNEY 20

VENDREDI 22 SEPTEMBRE

C'est un Français qui écrit l'une des plus grandes pages de l'histoire olympique. David Douillet remporte sa médaille d'or en lourds, il devient le judoka le plus titré au monde. Dans son ombre, les fleurettistes raflent l'or aux Chinois sur la touche finale, seul titre de l'escrime française à Sydney.
En natation, qui évite le naufrage, Roxana Maracineanu donne sa seule médaille, de l'argent sur 200 m dos. Suspense dans la piscine, où l'or du 50 m nage libre est partagé entre les deux Américains Gary Hall Jr et Anthony Ervin, arrivés à égalité au centième près (21"98) ! Un seul précédent : en 1984, sur 100 m.
Le premier titre d'athlétisme est décerné au marcheur polonais Robert Korzeniowski. Au départ des séries du 400 m, le couloir 3 de Marie-José Pérec est vide. La triple championne olympique arrive au même moment à Paris, où elle a choisi de rentrer après un crochet mouvementé par Singapour. Se jugeant agressée depuis son arrivée à Sydney, elle a préféré renoncer au duel avec Cathy Freeman, en dépit de chronos d'entraînement remarquables selon son entraîneur.

Douillet est incontestablement le héros du jour (page de gauche), alors que dans le même temps le couloir 3, qui devait accueillir Pérec, reste vide (en haut). Arron passe les quarts du 100 m (en haut à gauche), pendant que se déroule la finale du 20 km marche (à gauche au centre). Pour les médailles, la France a pu compter sur Maracineanu (en bas à gauche) et sur les fleurettistes qui raflent l'or (au centre à droite) grâce à une touche de Ferrari (en bas à droite).

David Douillet

LE PLUS FORT DES CHAMPIONS

L'instantané contraste avec un souvenir, vieux d'il y a quatre ans. À Atlanta, après son premier titre olympique, le colosse avait bondi de bonheur et de rage, les poings serrés. Cette fois, il se plante au bord du tatami, les bras levés, les mains ouvertes, le visage épanoui. David Douillet entre dans la légende avec une sérénité confondante. Il vient de remporter une deuxième médaille d'or en écartant le Japonais Shinohara. Pour le judo, il devient le plus grand athlète de l'histoire devant le mythique Yamashita. Pour la France, il incarne l'un de ses champions les plus populaires du siècle. Pour le monde entier, il raconte l'histoire universelle du héros abattu puis relevé.

« Je remercie Dieu qui m'a aidé toute la journée », lâche-t-il juste après la victoire avec une dévotion peu commune chez les sportifs français. Plus prosaïque, à la mesure du rabelaisien personnage, il dira aussi : « Je n'avais qu'une envie pour une dernière compétition, la déguster comme un bon plat. » Le géant a trop vécu pour se sentir nerveux. Il se souvient de son premier kimono, acheté par cette grand-mère qui l'a élevé en Normandie. Il a onze ans, il mesure déjà 1,80 m. Six ans plus tard, il obtient son premier titre, champion de France junior. À vingt-trois ans débute son histoire olympique : médaille de bronze à Barcelone. Il enlève ensuite quatre titres mondiaux et l'or d'Atlanta.

Commence en 1997 le temps des malheurs. Un grave accident de moto, des douleurs récurrentes et incurables au dos l'éloignent du sport, mais pas de la popularité. Un seul tournoi au mois d'août 2000, et il engage le pari insensé de la victoire aux JO. Sa journée commence par le forfait de son premier adversaire, mais Douillet va vite montrer sa détermination. En trois combats avant la finale, il fait trois ippons. Face à Shinohara, un yuko à 42 secondes de la fin lui assure le sacre. Dans la salle, l'émotion est immense.

À trente et un ans, le porte-drapeau de la délégation française à Sydney, le champion préféré du public juste derrière les footballeurs Zidane et Barthez, reçoit les honneurs de tout le pays. Une autre vie commence. David Douillet y songe : « Aujourd'hui, je ressens de la joie et de la tristesse. La joie, c'est cette médaille que je tiens entre mes mains. La tristesse, c'est la moitié de ma vie qui se termine... »

« Je voulais le titre olympique en battant Douillet... » Le Japonais Shinohara s'est accroché longtemps dans cette finale des lourds (en haut). Mais le Français ne lui a pas laissé le plaisir de le battre. Une dernière attaque donne à Douillet un avantage décisif (à droite). C'est la plus belle des médailles françaises aux Jeux de Sydney. C'est aussi la sixième pour le judo, qui égale son score d'Atlanta malgré un début de compétition mitigé.

Un départ fulgurant qui n'aura pas suffi. Unique championne du monde française de natation, Roxana Maracineanu est battue finalement par la Roumaine Mocanu. Satisfaction avec l'argent et ses records de France améliorés cinq fois dans la compétition.

SAMEDI 23 SEPTEMBRE

C'est le jour saint du 100 m. D'abord Marion Jones, sourire illuminé et temps canon : 10"75. L'Américaine plie la première levée de son fantastique pari : cinq médailles d'or avec le 200 m, la longueur, les relais 4 x 100 m et 4 x 400 m. Un peu plus tard, c'est Maurice Greene qui triomphe en 9"87. « La course de Mo nous a détruits », avoue son dauphin et ami Ato Boldon. Le troisième titre d'athlétisme revient au monument du javelot, Jan Zelezny, troisième médaille d'or consécutive.

Au dernier jour de natation, triplé d'Inge De Bruijn qui ajoute le 50 m à son palmarès, record du monde à la clé, bien sûr (24"13). Dans les relais 4 x 100 m 4 nages, les États-Unis concluent une folle semaine (trente-trois médailles au total) sur deux records aussi. Pour l'Australie, Hackett prend à son compatriote Perkins la gloire du 1 500 m.

Les Bleus regoûtent à l'or grâce aux rameurs Rolland et Andrieux, en deux sans barreur, un exploit jamais plus réalisé depuis 1952. Un autre duo, Gatien et Chila, donne du bronze au tennis de table. Les handballeuses arrachent leur qualification pour les quarts de finale en écartant l'Angola (29-27).

Les purs 100 sont lâchés : Greene loin devant Drummond (page de droite) et Jones avec les drapeaux du Belize et des États-Unis (en haut). L'or pour Rolland-Andrieux en deux sans barreur (au centre à gauche) et le bronze pour Gatien-Chila en tennis de table (en bas à droite). Victoire des handballeuses françaises contre l'Angola (au centre à droite) mais défaite des basketteurs face à l'Italie (en bas à droite).

USA
3269
USA
3275

Steven Redgrave

UNE LÉGENDE DE L'OLYMPISME

Seuls les jeux Olympiques font basculer des destins dans la légende. L'aventure de Steven Redgrave transcende son histoire personnelle, son pays ou bien encore la confidentialité de sa discipline. À trente-huit ans, le rameur britannique remporte sa cinquième médaille d'or consécutive, un record absolu toutes disciplines confondues. On pourrait juste lui opposer le sabreur hongrois Aladar Gerevich, six fois titré de 1932 à 1960, mais par équipes. « Steven est vraiment le compétiteur olympique par excellence, le meilleur que la Grande-Bretagne ait jamais produit », estime Matthew Pinsent, avec lequel il a partagé trois de ses cinq trophées.

Pour souligner un événement si considérable, salué par le Premier ministre, Tony Blair, c'est la princesse Anne, fille de la reine Élisabeth et membre du CIO, qui est venue remettre la médaille. Avec une entorse aux rituels de l'aviron, qui veut que l'on adoube les rameurs dans l'ordre de leur place sur le bateau. Elle honore d'abord Redgrave, troisième homme d'un quatre sans barreur qui a contrôlé de bout en bout la course. « Il y avait beaucoup de passion autour de cette finale, ce qui l'a rendue plus difficile », assure le champion.

La portée d'un tel exploit va bien au-delà des îles Britanniques, de quelques vieilles traditions de l'aviron, elle regarde toute l'histoire du sport. Né en 1962 à Marlow, sur les bords de cette Tamise qu'il a tant sillonnée, Steven Redgrave est un fils de charpentier plutôt taciturne, qui tire sans faiblesse sur les rames de son skiff et y trouve sa vocation. On repère vite son immense gabarit (1,96 m pour 105 kilos), et le jeune homme intègre l'équipe nationale, manquant de justesse la sélection pour les Jeux de Moscou, en 1980. Quatre ans plus tard, à Los Angeles, il décroche sa première médaille d'or en quatre barré et en ajoute trois autres en deux sans barreur de 1988 à 1996.

Rameur le plus titré aux JO, il l'est aussi aux Championnats du monde, avec neuf médailles d'or. « La première est certainement la plus belle, car c'est un rêve qui devient réalité », assure Redgrave. La cinquième restera dans la légende. Pourrait-il y en avoir une sixième aux Jeux d'Athènes, en 2004 ? « Il y a toujours des jeunes qui arrivent », répond-il modestement, préférant raconter, ému, l'histoire de ce vieux Néo-Zélandais venu l'accoster avant la finale : « Aujourd'hui, vous affrontez mon fils, mais c'est vous que je veux voir gagner… »

C'est l'un des héros des Jeux : Steven Redgrave remporte un cinquième titre olympique consécutif avec ses compagnons du quatre sans barreur (en haut). Fêté à l'arrivée par ses deux enfants et sa femme (à droite), honoré par tout un pays, l'Anglais élude le sujet de sa retraite.

adidas

Elle était archifavorite. Techniquement parfaite (à droite), Marion Jones passe la ligne en 10"75 avec près de 4 mètres d'avance sur la Grecque Thanou. Elle peut exploser de joie (ci-dessus), elle tient la première des cinq médailles d'or espérées.

Sydney 2000
3357

USA
7
8

Dans une finale de 100 m, le départ est primordial. Maurice Greene, qui occupe le couloir 5 (à gauche), sort déjà en tête. Personne n'a pu le rattraper : il passe la ligne le doigt levé (ci-dessus), chronométré en 9"87 devant son ami Boldon et Thompson.

Sydney 2000

DIMANCHE 24 SEPTEMBRE

Cinq médailles, c'est le deuxième meilleur total des Jeux pour la France, qui atteint la barre des trente médailles en neuf jours de compétition. Au petit matin, l'aviron apporte de l'or et du bronze. Troisième à Atlanta, champion du monde, champion d'Europe de VTT, Miguel Martinez obtient la consécration olympique, au terme d'une course très tactique.

Les sabreurs français décrochent l'argent par équipes, dominés par les Russes 45 touches à 32. De l'argent encore en gymnastique, où Éric Poujade termine deuxième au cheval-d'arçons. Jamais un Français n'avait décroché ce métal lors d'une olympiade. Consternation en athlétisme, où la championne du monde Eunice Barber, blessée aux ischiojambiers, quitte l'heptathlon à la cinquième épreuve. La France n'a placé aucun finaliste en trois jours.

La Japonaise Takahashi remporte la première médaille d'or de l'athlétisme féminin nippon, à l'occasion du marathon. Le sauteur Sotomayor, réhabilité après un contrôle positif, n'obtient que l'argent derrière le Russe Kliouguine. Sorte de Redgrave au féminin, la Roumaine Elisabeta Lipa enlève une quatrième médaille d'or en aviron.

Jour en or pour le vététiste Miguel Martinez (en haut), alors que Poujade au cheval-d'arçons (page de gauche) et les sabreurs par équipes attrapent l'argent (en bas à droite). Barber s'éclipse de l'heptathlon (à gauche au centre). La Japonaise Takahashi reine du marathon (en bas à gauche) et Sotomayor le gracié en argent (à droite au centre).

Équipe de France d'aviron

DES MÉDAILLÉS À LA PELLE

« Ils sont cuits, on y va ! » Mené à 500 mètres de l'arrivée, le quatre sans barreur français enclenche une attaque monumentale. Dans un mouvement parfait, le bateau n° 5 refait son retard sur les Australiens. Formidable suspense à l'approche de la ligne, les deux embarcations placées côte à côte livrent un duel terrible. D'un souffle, la France triomphe. Les quatre héros se nomment Laurent Porchier (trente-deux ans), Jean-Christophe Bette (vingt-deux ans), Yves Hocde (vingt-sept ans) et Xavier Dorfman (vingt-sept ans).
« Matthias ! Victor ! » Jean-Christophe Rolland et Michel Andrieux ont un code plus énigmatique pour lancer leur attaque. Les prénoms de leurs enfants ! C'était la veille, dans la finale du deux sans barreur, une relance palpitante à mi-parcours pour devancer les Américains, et voilà le premier titre olympique de l'aviron français depuis 1952. Ajoutez le bronze de Pascal Touron et Thibaud Chapelle en deux de couple poids légers, la France rafle donc trois médailles.
« Cela restera des Jeux exceptionnels, commente le directeur technique national, Yannick Le Saux. Nous avions obtenu quatre médailles à Atlanta, une d'argent et trois de bronze pour quatre bateaux en finale. Ici, nos trois bateaux en finale ont été médaillés, mais il y a deux or, ce qui n'était jamais arrivé à l'aviron français. » Au bilan des médailles, la France pointe en quatrième position, ce qui la fait entrer dans la super-élite mondiale.
« Dans notre sport, il n'y a pas d'argent, pas de médias. Seul Redgrave est connu », suggère Yves Hocde. Avec ses trois compagnons de rame, le Breton a percé l'anonymat. De même, Rolland et Andrieux, champions du monde 1997, qui ont su, à Sydney, partager avec le public cette belle complicité qui dure depuis dix ans.
La grosse satisfaction est aussi venue du secteur poids légers, admis au programme olympique en 1996. Depuis son arrivée il y a dix ans, le sorcier Eberhard Mund a redressé l'aviron français. Il se défend d'être un homme providentiel, mais la question se pose maintenant : à soixante ans, l'entraîneur allemand va-t-il rester en France ? « Avec ou sans Mund, ce n'est pas la question, répond sobrement l'intéressé. Il faut définir un programme et s'y tenir. »

L'aviron français a vécu le plus grand week-end de son histoire. Tout commence par le deux sans barreur Rolland-Andrieux (en haut à droite), qui offre une médaille d'or. Coup double le lendemain avec le titre du quatre sans barreur poids légers Porchier-Bette-Hocde-Dorfman (en bas à droite), à l'issue d'un bord à bord prodigieux avec les Australiens, et le bronze du deux de couple poids légers Touron-Chapelle (en haut).

FRA
Sydney 2000

FRA
Sydney 2000

À vingt-huit ans, le gymnaste Éric Poujade met un terme heureux à sa carrière. Cette médaille d'argent au cheval-d'arçons constitue aussi le premier podium français en gymnastique depuis Philippe Vatuone en 1984 au cours des jeux de Los Angeles.

2000

LUNDI 25 SEPTEMBRE

Le Stadium Australia peut établir un record d'affluence (112 524 spectateurs), la journée d'athlétisme fut somptueuse. Des neuf finales, le public de Sydney attend évidemment celle de Cathy Freeman, exacte au rendez-vous de la victoire et de l'émotion. Sur la piste, la star reste Michael Johnson, qui devient le premier athlète à conserver un titre sur 400 m. En 43"84, il boucle le treizième de sa carrière, mondiaux et JO confondus.
Dans un sprint poignant, Gebreselassie dompte son deuxième 10 000 m, avec moins d'avance que Greene sur 100 m : 9" devant Tergat. Mutola sur 800 m, Szabo sur 5 000 m, Dragila à la perche, Edwards au triple saut, autant de champions attendus. Seule surprise : le Cubain Garcia règle le favori Allen Johnson sur 110 m haies.
Le compteur français des médailles monte d'une unité, à trente et un, avec l'argent du gymnaste Varonian à la barre fixe, qui talonne Nemov. C'est la deuxième médaille d'argent à Sydney de la gymnastique française. Le suspense du jour en tennis de table : Kong Linghui et Waldner se livrent un terrible combat pour le titre individuel, que le Chinois remporte en cinq sets. Sur la plage de Bondi Beach, ambiance de vacances au soleil : les Australiennes Cook et Pottharst créent la sensation en battant les Brésiliennes Behar et Bede en deux sets (12-10).

Johnson impérial (page de droite), Mutola enfin sacrée aux JO (en haut), Edwards épatant au triple saut (à droite au centre), mais surtout Freeman secouée par l'émotion (en bas à droite). Une médaille française : Varonian en argent à la barre fixe (à gauche).

JAMAICA
2260
USA
Sydney
3294

Cathy Freeman

LA VICTOIRE DU PEUPLE ABORIGÈNE

Le contraste saisit tous les observateurs. Elle enlève la capuche de sa combinaison vert et blanc, s'assied au bout de piste, le visage figé dans une étrange absence. Autour d'elle, la clameur intense du Stadium Australia, l'émotion sincère de 112 000 spectateurs. De longs instants, Cathy Freeman reste sans expression. « J'étais tellement soulagée. J'ai senti la foule autour de moi, sur moi. J'ai absorbé le bonheur des gens par tous les pores de ma peau. C'est pour cela que je suis restée assise si longtemps », expliquera-t-elle.
Ce recueillement disait aussi l'immense pression qui a pesé sur la championne australienne. En l'absence de Marie-José Pérec, qui a fui cinq jours plus tôt et à qui elle rendra hommage, Freeman doit remporter cette finale du 400 m, discipline qu'elle domine sans partage depuis son titre mondial de 1997. La course sera plus intense qu'attendu : un départ prudent, une accélération contenue avant l'emballement final, qui ne lui laisse pas une avance considérable sur ses deux poursuivantes. 49"11 : c'est le temps le plus modeste enregistré en finale olympique depuis 1976. Se trouvent dans la même seconde la Jamaïquaine Graham et la Britannique Merry, qui s'incline avec élégance : « Cathy est une personne authentique et je suis vraiment contente pour elle. » Quelle importance, les chronos, quand, effectivement, Freeman représente une femme vraie, bouleversée par son destin et la cause qu'elle représente. Déjà dernière relayeuse de la flamme olympique lors de la cérémonie d'ouverture, elle contribue un peu plus par sa victoire à la réconciliation de l'Australie avec les Aborigènes. « Ce qui est arrivé aujourd'hui est un symbole, c'est vrai, admet-elle. Quelque chose va changer pour les Aborigènes, l'attitude des gens dans la rue, les décisions des politiques… Je sais que j'ai rendu beaucoup de gens heureux, quelle que soit leur histoire. »
Petite-fille d'une femme de la « génération volée », ces enfants arrachés à leur famille pour être placés dans des missions, Cathy Freeman se lève enfin de la piste ; un sourire magnifique l'illumine. Elle peut partir dans le plus beau tour d'honneur des Jeux, les deux drapeaux mêlés, cousus entre eux, celui du pays et celui des ancêtres. À cet instant, elle n'est plus qu'une : australienne et aborigène.

Double championne du monde en 1997 et 1999, médaille d'argent à Atlanta derrière Marie-José Pérec, Freeman contrôle sa finale jusqu'au bout (en haut). Sous pression, extrêmement concentrée, l'Aborigène symbolise davantage qu'une championne olympique. Pour le Premier ministre John Howard, « Cathy a rapproché les Australiens les uns des autres ».

6

Habillée de la tête aux pieds d'une combinaison d'extraterrestre, l'Australienne Cathy Freeman se place dans les starting-blocks. On espérait un duel avec Marie-José Pérec dans la finale du 400 m, mais la Française a regagné Paris depuis longtemps.

AUS

Les deux attitudes de Michael Johnson : de marbre au départ du 400 m (à gauche), triomphant à l'arrivée (ci-dessus) et médaillé d'or. L'Américain espérait bien battre son record du monde (43"16), mais la fraîcheur le laisse à 43"84.

Le drapeau d'Éthiopie en main, Hailé Gebreselassie fête sa nouvelle médaille d'or. Après Zatopek et Viren, il est le troisième athlète à conserver un titre olympique sur 10 000 m. il ne devance le Kényan Paul Tergat que de neuf centièmes.

À vingt ans, Benjamin Varonian incarne la nouvelle génération de la gymnastique française. À la barre fixe, il obtient un score égal (9,787) au prodige russe Nemov : ils seront départagés par les écarts de note. Beau succès et médaille d'argent surprise !

adidas

MARDI 26 SEPTEMBRE

Un jour morne – repos pour l'athlétisme –, mais jamais sans médaille pour la France. Le duo Dedieu-Lignot prend le bronze en natation synchronisée et offre ainsi à la France sa première médaille olympique dans cette discipline. Une autre médaille, encore virtuelle, est assurée par le boxeur Brahim Asloum, qualifié pour les demi-finales. Le coin bleu est assombri par l'élimination des handballeurs de Daniel Costantini en quarts de finale (26-21 contre la Yougoslavie).
Le cyclisme sur route est lancé par la victoire de Leontien Van Moorsel, sa troisième médaille avec les deux de la piste. Magali Le Floch est sixième ; Jeannie Longo la tenante du titre, vingt-sixième.
En panne d'événements, l'actualité des JO tourne au dopage. Le CIO retire sa médaille d'or individuelle à la gymnaste Andrea Raducan, qui a soigné un rhume à l'éphédrine. Révélations aussi sur le lanceur de poids américain C.J. Hunter : il a subi quatre contrôles positifs à la nandrolone depuis juin. Blessé au genou, selon ses affirmations, il avait renoncé à participer aux Jeux. En conférence de presse, il pleure et clame son innocence. C.J. Hunter est le mari de Marion Jones.

Le jour des lourds et des ondines : l'Iranien Rezazdeh soulève 260 kg (page de gauche) et conquiert l'or dans la catégorie des moins de 105 kg et le duo Dedieu-Lignot plonge pour le bronze (en haut). En lutte, le Suédois Ljundberg gagne en 97 kg (à gauche au centre). Le handballeur Burdet impuissant (à droite), et l'Espagne qui résiste face à l'Allemagne (en haut à gauche). Troisième titre pour Van Moorsel (en bas à gauche)

Le Russe Samourgachev en moins de 63 kg (en haut à gauche), le Sud-Coréen Sim Kwon-ho en moins de 54 kg (en bas à gauche) et le Russe Kardanov dans la catégorie des moins de 76 kg (ci-contre) sont tous les trois médaillés d'or en lutte gréco-romaine.

Quelle désillusion ! L'équipe de France de handball s'incline en quarts de finale face à la Yougoslavie (26-21). Andrej Golic et Cédric Burdet ont rarement trouvé la solution offensive (ci-contre). Malgré ses trois buts, Guillaume Gille a manqué de réussite (à droite).

FILA

adidas
Sydney 2000
1887

MERCREDI 27 SEPTEMBRE

C'est la piste aux surprises. Sur 800 m, on attend le premier titre olympique de Kipketer, l'Allemand Schumann le lui chipe. Sur 100 m haies, Devers se blesse en demi-finale ; elle non plus ne verra jamais l'or, qui revient à la Kazakh Shishigina. Jackpot pour Privalova qui, en montant sur 400 m haies, enlève son premier titre olympique. Chez les hommes, victoire de Taylor devant Somaily, premier médaillé de l'histoire en Arabie saoudite.

À la perche, élimination de Galfione mais surtout de Bubka, qui s'éclipse. Un autre seigneur échoue : le lutteur russe Kareline, poète et député ! Arnaud Di Pasquale tient la médaille française du jour : il bat le Suisse Federer (7-6, 6-7, 6-3) pour le bronze. Le boxeur Jérôme Thomas assure aussi en passant en demi-finale. Désillusion en revanche pour les basketteuses, qui ratent totalement un quart de finale abordable contre la Corée du Sud. Lamentablement tétanisées, elles s'inclinent 68-59. En s'échappant à 25 kilomètres de l'arrivée, Jan Ullrich s'assure la première place de l'épreuve sur route. Derrière lui, le Kazakh Vinokourov et un autre Allemand, Klöden : tous les trois appartiennent à l'équipe Telekom.

Grand bonheur pour l'Allemand Schumann sur 800 m, avec le Danois Kipketer dans son dos (page de gauche). Le duel Shishigina-Alozie sur 100 m haies (en haut) et la prière de Taylor après le 400 m haies (en bas à droite). Le Français Thomas gagne son quart de finale (en bas à gauche). Ullrich en or sur la route (à droite au centre). En base ball, revanche américaine sur Cuba (à gauche au centre).

Irina Privalova

ELLE A CHOISI LA LUMIÈRE

Les reconversions anticipent souvent des retraites inexorables. Irina Privalova peut partir l'esprit tranquille. En passant à bientôt trente-deux ans du sprint au 400 m haies, la Russe y a gagné une médaille d'or olympique, le seul titre de valeur mondiale de sa carrière. Elle avait couru son premier 400 m haies le 13 juillet 2000 à l'occasion des championnats de Russie, à Moscou. Dans le Stadium Australia plein à craquer pour la finale, elle dispute seulement sa huitième course sur la distance…

Quelle maîtrise, pourtant ! Placée au couloir 3, Privalova surprend d'emblée les deux favorites, la Jamaïcaine Deon Hemmings et la Marocaine Nouzha Bidouane. Elle part vite, sa technique de franchissement des haies basses s'avère impeccable, sa vitesse acquise depuis tant d'années va creuser la différence décisive. Elle l'emporte en 53"02, améliorant son record personnel d'exactement une seconde, à quatre dixièmes seulement du record du monde.

« J'ai commencé à penser à une reconversion de sprinteuse à hurdleuse il y a trois ans, après mon opération au mollet droit. La discipline est moins pénible pour les muscles », avance-t-elle comme explication après ce succès qui n'a pas d'équivalent dans sa soudaineté. En 1999, aux championnats du monde, la Russe avait été contrainte à un abandon sur 100 m, qui précipita sa transformation. « Mes tendons étaient abîmés par tant d'années de sprint, poursuit-elle. Alors Vladimir, mon mari et entraîneur, a imaginé que le 400 m haies était abordable, que je pouvais y avoir des ambitions. » Simplement championne d'Europe, sur 100 et 200 m en 1994, sur 200 m en 1998, Privalova est issue de cette école d'athlétisme de Moscou qui privilégie la polyvalence. Dans sa jeunesse, elle a aussi appris la gymnastique et le patinage de vitesse, intéressants pour la coordination haies-course. Après un bon chrono au meeting de Monaco en août, elle se persuade qu'un coup est réalisable à Sydney. Ce sera l'or finalement ! De quoi lui rappeler cette histoire qui a bercé sa jeunesse : après les Jeux de Moscou, les logements du village olympique avaient été attribués à des particuliers. Les Privalov s'étaient installés dans un appartement de la délégation est-allemande. La petite Irina, douze ans à l'époque, tomba dans la chambre de Marita Koch, championne olympique du 400 m…

Rapidement en avance sur sa principale concurrente, la Marocaine Nouzha Bidouane, Irina Privalova passe les haies avec une facilité déconcertante (en haut). Après avoir abaissé son record personnel à 54"02 en demi-finale, l'ancienne sprinteuse gagne encore une seconde. Drapeau russe en turban, c'est son premier titre olympique (à droite).

RUSSIA
Sydney 2000
2966
3

Revenu officiellement aux JO de Barcelone en 1992, le tennis n'avait pas depuis donné de médaille à la France. Arnaud Di Pasquale s'en charge : il écarte le Suisse Roger Federer en trois sets. Il fallait remonter à 1924 pour trouver un podium français en tennis.

FRANCE
adidas
FRANCE

Wilson Kipketer avait manqué l'or sur 800 m à Atlanta parce que le Kenya, son pays d'origine, lui refusait le droit de concourir pour le Danemark. Le jeune Allemand Nils Schumann le prive du titre à Sydney dans une course très tactique.

Sydney 2000
1887
2
adidas
RUSSIA
2865
8
8

JEUDI 28 SEPTEMBRE

C'est un jour sans médaille pour la délégation française, le seul depuis le début des Jeux, mais il n'a pas manqué grand-chose. Dans le concours de saut d'obstacles par équipes d'équitation, le Brésil chipe le bronze à l'issue d'un barrage. En plongeon, le duo Danaux-Arbolès rate le podium sur une faute technique. Les handballeuses sont éliminées en quarts par les Danoises en prolongations (28-26). La perf' du jour revient aux basketteurs, qui sortent le Canada (68-63) pour une place en demi-finales, une première depuis les Jeux de Melbourne, en 1956. Le boxeur Brahim Asloum élimine le champion olympique cubain Romero : le voilà en finale.

Le tennis livre ses médailles : Venus Williams enlève le double avec Serena, après le simple face à Dokic. Kafelnikov s'impose chez les hommes contre Haas. En foot, les Norvégiennes marquent le but… en or face aux Américaines (3-2). La Chinoise Fu Mingxia attrape deux titres au plongeon. Doublé aussi pour Marion Jones sur 200 m, en attendant mieux, alors que l'inconnu grec Kenteris surprend Campbell et Boldon en 20"09. Pedroso à la longueur, Nool au décathlon, Korolchik au poids sont les autres champions.

L'inconnu grec Kenteris triomphe sur 200 m (page de droite), Ato Boldon sous le choc (en bas à droite). Plus attendu, le deuxième titre de Jones (en haut). Lutte au rebond pour Palmer et Bilba face au Canada (à gauche). Kafelnikov s'impose en simple (au centre à droite). Émotion avec le Français Issorat, deuxième du 1 500 m fauteuil (en haut à droite).

adidas
Sydney 2000
1969

Marion Jones

LE DÉFI DU SIÈCLE

Sa joie semble plus contenue, moins éclatante qu'après sa victoire sur 100 m. Peut-être se dit-elle qu'il reste un long chemin à faire. Sûrement pense-t-elle à son mari C.J. Hunter, viré des Jeux pour dopage il y deux jours. Au départ de la finale du 200 m, la deuxième levée du formidable défi de Marion Jones, sa concentration intense trahit un peu de trac. Pourtant, il n'y a pas de quoi : en 21"84, l'Américaine creuse le plus gros écart depuis Wilma Rudolph en 1960, 43" d'avance sur la Bahamienne Davis.
« J'espère que vous ne vous êtes jamais réellement inquiétés pour le sprint », lance-t-elle à l'adresse des journalistes. Formalité, en effet, que ce doublé 100 m-200 m, tant Jones domine les deux courses : sur 100 m, elle enchaîne son trente-quatrième succès consécutif sur la distance ; sur 200 m, elle passe pour la douzième fois de sa carrière sous la barre des 22". L'émotion, elle, semblait bien distincte. Le premier triomphe fut un grand instant de sensibilité pour « Little Marion », qui sanglote dans les bras de sa mère et s'empare du drapeau du Belize, sa terre d'origine. Cette fois, un rapide tour d'honneur suffit.
« J'ai une liste, et je la coche chaque fois. Ces Jeux, je les vis au jour le jour », confie-t-elle, songeant qu'à ses travaux s'ajoute aussi la gestion d'une douteuse affaire. Lundi 25 septembre, le CIO confirme le contrôle positif à la nandrolone de son mari, C.J. Hunter, qui se voit retirer son accréditation de « coach ». Il suivait le pari fou de son épouse de très près. Le lendemain, dans un hôtel de Sydney, Marion accompagne C.J. à une conférence de presse pour signifier sa solidarité. « C'est la première fois que l'on me photographie plus que ma femme », lâche le banni avec humour, avant de fondre en larmes !
Sur sa liste, Marion cochera seulement le bronze sur la longueur et sur le relais 4 x 100 m, enfin l'or sur le relais 4 x 400 m. Le défi relevait d'un autre temps. Seul le Finlandais Paavo Nurmi y est parvenu en 1924 sur le fond et le demi-fond, encore en tient-il une pour le classement par équipes. La véritable référence reste Carl Lewis, quadruple champion olympique sur 100 m, 200 m, longueur et 4 x 100 m en 1984. Lui-même avait égalé la performance de Jesse Owens en 1936. Deux figures de l'histoire du sport que Marion Jones rejoint dans la légende. Elle est l'athlète du siècle.

Dans son style caractéristique, Marion Jones réalise sans forcer un chrono exceptionnel sur 200 m. En 21"84, elle se trouve à seulement huit centièmes de son meilleur temps au niveau de la mer, réalisé à Zurich il y a trois ans. La meilleure performance de l'Américaine reste ses 21"62 en altitude, à l'occasion d'un meeting à Johannesburg en 1998.

Sydney 2000
3357
USA

Quel incroyable concours de la longueur ! Ivan Pedroso est devenu champion olympique avec un dernier saut à 8,55 m. Triple champion du monde, le Cubain n'était jamais monté sur un podium aux Jeux. Son record personnel reste à 8,71 m.

1479

Des quatre équipes de France de sport collectif, les basketteurs étaient les moins confiants au début. Ce quart de finale contre le Canada est un déclic. La victoire (68-63) s'est construite sur un formidable travail défensif, illustré ici au rebond par Cyril Julian.

30
7

Malgré le talent et les efforts de son pivot Isabelle Wendling, l'équipe de France féminine de handball a été éliminée en quarts de finale par le Danemark, après prolongations (28-26). Les Françaises obtiendront la sixième place en match de classement.

VENDREDI 29 SEPTEMBRE

Après la coupe du monde de football, après celle de rugby, une autre équipe de France, celle de basket, va disputer une finale au sommet, cette fois aux jeux Olympiques. En demi-finale, les hommes de De Vincenzi atomisent l'Australie (76-52), pendant que les États-Unis bafouillent face à la Lituanie (85-83). Il faut remonter à 1948 pour une telle performance. En match de classement, les filles battent la Russie (71-59) et prennent la cinquième place de leur tournoi.

Une médaille de plus pour la France : le boxeur Jérôme Thomas tombe en demi-finale, mais empoche le bronze. Sur la piste, la surprise du jour tient dans une défaite, celle de Hicham el-Guerrouj, roi du 1 500 m détrôné par le Kenyan Ngeny dans le sprint final. Le Français Medhi Baala se classe quatrième. Surprise aussi à la perche avec la victoire de l'Américain Hysong grâce à un saut à 5,90 m, record personnel battu.

À la longueur, Marion Jones lâche son pari des cinq médailles d'or dans un concours enlevé par Drechsler, la femme du jour. L'homme du jour est le marcheur polonais Robert Korzeniowski, qui vit en France, à Tourcoing. Après le 20 km, il s'adjuge le 50 km, premier doublé de l'histoire.

Doublé inédit du Polonais Korzeniowski sur 20 km et 50 km marche (page de droite). El-Guerrouj sur 1 500 m (au centre à droite) et Jones à la longueur (en bas à droite) sont battus. L'Australie cède en basket face aux Bleus (en haut) mais remporte le tournoi de hockey féminin contre l'Argentine (au centre à gauche). Triomphe d'Alina Kabaeva en GRS (en bas à gauche).

Sydney 2000
2711

Heike Drechsler

LE PLUS BEL ÉPILOGUE

« Dans trente ans, je pourrai raconter à mes petits-enfants que j'ai affronté l'une des meilleures sauteuses en longueur de l'histoire. » L'hommage de Marion Jones n'est pas feint. Même si elle manque ainsi sa troisième médaille d'or des Jeux, l'Américaine sait apprécier tout ce que représente Heike Drechsler. Son témoignage est un pont entre sa jeunesse triomphante et tout un pan de l'athlétisme mondial : Drechsler a été championne du monde à la longueur dès 1983. Dix-sept ans plus tard, elle remporte son deuxième titre olympique, après celui de Barcelone en 1992. À bientôt trente-six ans, à l'instant d'une probable retraite.

Née à Gera en 1964, Heike Drechsler est l'une des rares athlètes de la RDA à avoir survécu – sportivement – à la chute du mur de Berlin. Jamais, elle n'a renié ce passé trouble qui allie performances extraordinaires dès le plus jeune âge et politique systématique de dopage. Mais contrairement à Katrin Krabbe ou Grit Breuer, elle n'a jamais été mêlée à des affaires, et la longévité de sa carrière plaide pour elle. À dix-huit ans, elle devient la plus jeune championne du monde de l'histoire. À vingt ans, elle établit un record du monde à la longueur (7,44 m), qui tiendra trois ans. Aujourd'hui encore, elle détient cinq des dix meilleures performances de tous les temps, toutes réalisées avant 1992. Pour remporter le concours de Sydney, elle n'a eu à sauter qu'à 6,99 m. Une performance médiocre, mais la longueur féminine stagne depuis la fin des années 1980, si ce n'est l'avènement de Jones, qui a sauté jusqu'à 7,31 m en 1998. Encore trop maladroite techniquement, l'Américaine a mordu quatre essais sur six, un écueil irrémédiable. Elle finit troisième avec 6,92 m, derrière l'Italienne Fiona May, à 7 centimètres elle aussi de l'Allemande et qui s'empare de l'argent à la faveur justement des essais.

Heike Drechsler, elle, se réalise pleinement. « C'est une médaille merveilleuse parce je suis restée sans succès depuis trois ans, surtout en raison de blessures. J'ai même voulu arrêter lorsque j'ai manqué les derniers championnats du monde à Séville. J'ai continué parce que les jeux Olympiques sont toujours très motivants, et puis ce sont mes derniers… » Dans son histoire si riche, l'Allemande avait tenté aux Jeux de Séoul, en 1988, un pari comparable à celui de Marion Jones : un triplé individuel sur 100 m, 200 m et longueur. Elle rapporta trois médailles, mais aucune en or. L'expérience lui a appris qu'il faut savoir se contenter d'un seul bonheur, mais le plus fort.

Heike Drechsler détient un record personnel à 7,48 m. Un saut à 6,99 m lui suffit pour enlever son deuxième titre olympique, huit ans après Barcelone.

adidas
Sydney 2000
1902
adidas

France
5
France
6

C'est la divine surprise du tournoi de basket. La France sort l'Australie en demi-finale par un score sans appel (76-52) grâce à deux grands leaders : le meneur Laurent Sciarra (page de gauche) et l'arrière Antoine Rigaudeau (ci-contre).

Huit jeunes femmes en quête de perfection : les Russes qui ont dominé les épreuves de natation synchronisée des Jeux de Sydney prennent la médaille d'or du ballet en devançant le Japon et le Canada. Les Françaises terminent quatrièmes, au pied du podium.

Le concours n'est pas allé au-delà de 5,90 m, la hauteur atteinte par trois perchistes finalement départagés au nombre d'essais. L'Américain Nick Hysong (photo) enlève la médaille d'or, devant son compatriote Lawrence Johnson et le Russe Maksim Tarasov.

SAMEDI 30 SEPTEMBRE

Viva Cuba, qui rafle cinq médailles d'or : quatre en boxe, dont celle de Felix Savon, qui triple en poids lourds après Barcelone et Atlanta. Plus les volleyeuses qui écartent la Russie. En athlétisme, neuf finales restent au programme : le relais 4 x 100 m masculin américain gagne la médaille du ridicule en caricaturant sa victoire par trop de pitreries. Malgré Jones, le relais féminin termine derrière les Bahamas et la Jamaïque, mais devant la France. Les États-Unis doublent sur 4 x 400 m.
Hattestad au javelot (68,91 m), Elesina à la hauteur (2,01 m) et Merah-Benida sur 1 500 m (4'05"10), Tulu sur 10 000 m (30'17"49) chez les femmes, Wolde sur 5 000 m (13'35"49) complètent les podiums. Ekimov et Van Moorsel se partagent les chronos du cyclisme. En or aussi, la Russie en handball masculin, la « Dream Team » en basket féminin et le Cameroun en football masculin.
La France trouve son champion du jour, le boxeur Brahim Asloum en moins de 48 kg. Sacrée Jeannie Longo, qui ramène à près de quarante-deux ans sa quatrième médaille olympique, du bronze, sur le contre-la-montre. Tout nouveau le taekwondo, tout beau le bronze de Pascal Gentil en plus de 80 kg.

Trois médailles pour la France : un bleu en or, Brahim Asloum (page de droite); une mamie en bronze, Jeannie Longo (en haut); un nouveau en bronze, Pascal Gentil (en haut). Le Cameroun s'impose en foot masculin (en haut à droite), les États-Unis en basket féminin (en bas à droite). Le podium du contre-la-montre : Ekimov, Ullrich, Armstrong (en haut à gauche). Hattestad au javelot (au centre à gauche) et la pagaille au relais 4x400 m (en bas à gauche).

adidas
FRANC

Brahim Asloum

UN GAMIN EN OR

« Je suis plus heureux pour ma famille que pour moi, car je viens de faire connaître le nom de mon père. » Asloum, c'est ce nom qui résonne jusqu'à Bourgoin-Jallieu, dans l'Isère, la ville refuge. Brahim, c'est le prénom du fils prodige, champion olympique de boxe, catégorie mi-mouche, la première médaille d'or française sur un ring depuis les Jeux de Berlin. « A-S-L-O-U-M », insiste le môme, quelques minutes après sa victoire sur l'Espagnol Rafael Lozano Muñoz (23-10). Ce quatrième d'une famille de dix enfants d'origine algérienne a une histoire qui ne ressemble guère à la rédemption du jeune boxeur en quête de revanche sociale. « J'ai toujours été heureux à la maison. Les repas sont copieux et excellents », sourit-il pour couper court à toute évocation à la Zola. Ses parents possèdent deux boucheries à Bourgoin-Jallieu; les frères et sœurs participent activement à la vie associative de la commune.
Le petit Brahim a commencé la boxe à l'âge de huit ans; il intègre l'INSEP à seize ans. Après trois années seulement de haut niveau chez les seniors, deux tout juste passées en équipe de France et un palmarès anodin de quarante-huit victoires pour soixante-trois combats, le voilà aux Jeux de Sydney, alors qu'on le préparait plutôt pour ceux d'Athènes, en 2004. Il a vingt ans et déjà tout l'or du monde, qu'il a conquis avec une maîtrise épatante pour un si pétillant garçon.
Le tirage au sort de sa catégorie ne l'avait pas favorisé, avec le champion du monde et le champion olympique dans son tableau. Mais il a enchaîné les victoires jusqu'à cette finale, qu'il ponctue d'un hurlement de défoulement. Drapeau bleu, blanc, rouge sur les épaules, il tourne sur le ring, joyeux extraverti. Sur le podium, la demi-portion de 48 kilos fond en larmes à l'écoute de *la Marseillaise*. Il prend cette médaille qui semble si grosse sur ses frêles épaules, la retourne et l'embrasse. « Elle est belle, elle est lourde. C'est de l'or. Je vais la garder comme la prunelle de mes yeux. »
« Atchoum », le surnomment ses copains de l'équipe de France. « Monsieur Spielberg, dit-il lui-même, parce que je me fais des films dans ma tête. » Ce film-là, qui conte un gamin en or aux derniers Jeux du siècle, Brahim Asloum ne l'avait jamais imaginé. C'était un rêve, bien plus fort et bien plus beau que toutes les histoires.

C'est la plus pétillante médaille d'or française aux Jeux. À vingt ans, Brahim Asloum devient champion olympique de la catégorie mi-mouche face à l'Espagnol Rafael Lozano. Issu d'une famille de dix enfants, parfaitement heureux à Bourgoin-Jallieu, le boxeur n'avait pas remporté de titre international jusqu'à maintenant. Le drapeau tricolore sur les épaules, il peut lancer un grand cri de délivrance.

adidas

Incroyablement déterminé, Brahim Asloum a maîtrisé sa finale contre Rafael Lozano. Le Français domine l'Espagnol en taille (14 cm) et en allonge. « On lui avait dit d'attendre et de le contrer. Il a été irréprochable », explique son entraîneur Aldo Cosentino.

ESPAÑA

La fusée Maurice Greene (ci-dessus) est lancée et le relais 4 x 100 m américain va retomber avec un nouveau titre olympique. Déception pour Marion Jones (page de droite), qui manque encore une médaille d'or, après celle de la longueur.

USA
BAHAMAS
Sydney 2000
BAH

C'est le grand classique des finales internationales de handball. Au terme d'un match haletant (28-26), les Russes privent les Suédois du seul titre qui manque encore à leur palmarès, malgré trois finales olympiques consécutives.

DIMANCHE 1er OCTOBRE

C'est la dernière médaille française des Jeux, l'une des plus belles même si elle est d'argent. Sur une défaite face aux États-Unis (85-75), l'équipe de basket masculine achève une formidable campagne olympique. La France totalise ainsi trente-huit médailles, une de plus qu'à Atlanta. Elle aurait pu encore faire mieux sans l'échec du kayak biplace d'Amir-Tahmasseb et Aubertin, quatrième sur 500 m, ou la déception d'Éva Serrano, cinquième en GRS. Avec les abandons de Ledermann et Pomel, pas de médaille non plus pour l'équitation, une première depuis 1984. En s'inclinant face à l'Autriche (33-32), les handballeuses prennent la sixième place d'un tournoi remporté par le Danemark comme en 1996.

Sur le marathon, où le Français Ouaadi se classe huitième, la dernière médaille des Jeux 2000 est décernée à l'Éthiopien Abera. Peut alors débuter la soirée de clôture, que Sydney a voulue aussi grandiose que la cérémonie d'ouverture. Avant le plus grand feu d'artifice de tous les temps et le concert de quelques stars locales, telles INXS ou Killye Minogue, la flamme olympique quitte symboliquement le Stadium Australia par les airs. Les derniers Jeux du siècle sont terminés.

Laurent Sciarra, meilleur joueur français du tournoi olympique (en haut). Les Yougoslaves s'imposent en volley (en haut à gauche) et les Hongrois en water-polo (en bas à gauche). Le Néerlandais Dubbeldam remporte le concours individuel d'équitation (page de droite). À Abera sur le marathon (au milieuà gauche) la dernière médaille, avant la cérémonie de clôture (à droite).

Équipe de France de basket

LES DOUZE ARTISANS DU MIRACLE

Pendant une minute, ils ont pu se dire : « Nous sommes champions olympiques ! » On joue la toute première minute du match et les basketteurs français inscrivent le premier panier. France 2, États-Unis 0, le songe d'une renversante victoire ne dure pas plus longtemps. Sauf que, au courage et au talent, les Bleus reviennent à quatre points en fin de rencontre. Les Américains contrôlent le money-time et, pour conclure le score (85-75), Vince Carter lâche un smash boursouflé de rage, qui dénote moins son assurance que sa peur : la Dream Team III a tremblé.

France-États-Unis de basket, ça sonne comme un France-Brésil ou un France-Nouvelle-Zélande pour d'autres braves. Des sommets inaccessibles, interdits au sport collectif français jusqu'aux récents accomplissement des footballeurs et, à un degré moindre, des rugbymen. Qui les imaginait approcher un exploit jamais plus réalisé depuis 1948 après leur début de tournoi si médiocre ? En poule, les Français signent deux victoires pour trois défaites, mais de celles-ci, notamment contre l'Italie et les États-Unis déjà, ils vont tirer paradoxalement la conviction d'aller plus loin.

Rigaudeau moins rayonnant, Sonko affaibli physiquement, un homme va incarner les croyances des douze joueurs de l'équipe : Laurent Sciarra, celui qui n'était pas venu en Australie « pour voir les kangourous ». Peu utilisé au départ, il règle les deux victoires contre le Canada, en quart de finale, et contre l'Australie, en demi-finale, puis se révèle le meilleur marqueur en finale. Le contre-pied le plus drôle voudra que la France rencontre les stars de la NBA alors que deux de ses joueurs vedettes – Tariq Abdul-Wahad et Jérome Moïso – préparent leur saison américaine à Denver et Boston, écartés par Jean-Pierre de Vincenzi. « J'ai voulu composer un groupe avec des maçons et des artisans », rappelle le sélectionneur, sous ce credo du collectif qui renvoie à d'autres glorieux entraîneurs.

Il restera donc de la finale cet instant de furie en fin de deuxième mi-temps, quand les Bleus recollent aux déménageurs américains. « Quand ils lâchent tout leur potentiel physique, qu'ils durcissent le jeu, ils sont très durs à maîtriser », reconnaît Antoine Rigaudeau, qui tire de l'aventure de Sydney une conclusion d'avenir : « Nous avons ouvert une porte. Les générations futures seront prêtes pour la dépasser… »

Sur le podium, les basketteurs dédient leur médaille d'argent à Yann Bonato, blessé pendant le quart de finale contre le Canada et rapatrié à Lyon, ainsi qu'aux filles de l'équipe de France éliminées au même stade de la compétion (en haut). Crawford Palmer et Jim Bilba luttent farouchement contre la puissance physique des Américains au rebond (page de droite).

schelde
France
13
USA
France
14

L'abnégation en défense fut un atout important dans l'aventure des Bleus (ci-dessous). Un peu moins rayonnant qu'à l'habitude, Antoine Rigaudeau a tout de même réalisé un tournoi plein. Il focalise l'attention d'Allen et Abdur-Rahim, sous l'œil de Cyril Julian (à droite).

France
6

C'était sa dernière compétition internationale. Pour terminer en beauté, la Française Éva Serrano espérait une médaille dans le concours individuel de GRS. Malheureusement, elle n'y parviendra pas et doit se contenter de la cinquième place.

PALMARÈS DES JEUX OLYMPIQUES 2000

Sydney

15 septembre _ 1er octobre

ATHLÉTISME

Messieurs - 100 m
1. Greene (USA) 9"87
2. Boldon (TRI) 9"99
3. Thompson (BAR) 10"04

Messieurs - 200 m
1. Kenteris (GRE) 20"09
2. Campbell (GBR) 20"14
3. Boldon (TRI) 20"20

Messieurs - 400 m
1. M. Johnson (USA) 43"84
2. A. Harrison (USA) 44"40
3. Haughton (JAM) 44"70

Messieurs - 110 m haies
1. A. Garcia (CUB) 13"
2. Trammel (USA) 13"16
3. Crear (USA) 13"22

Messieurs - 400 m haies
1. Taylor (USA) 47"50
2. Al-Somaily (ARS) 47"53
3. Herbert (AFS) 47"81

Messieurs - 4 x 100 m
1. États-Unis 37"61
(Drummond, B. Williams, B. Lewis, Greene)
2. Brésil 37"90
3. Cuba 38"04

Messieurs - 4 x 400 m
1. États-Unis 2'56"35
(A. Harrison, Pettigrew, C. Harrison, Johnson)
2. Nigeria 2'58"68
3. Jamaïque 2'58"78

Messieurs - 800 m
1. Schumann (ALL) 1'45"08
2. Kipketer (DAN) 1'45"14
3. Saïd-Guerni (ALG) 1'45"16

Messieurs - 1 500 m
1. Ngeny (KEN) 3'32"07
2. El-Guerrouj (MAR) 3'32"32
3. Lagat (KEN) 3'32"44

Messieurs - 3 000 m steeple
1. Kosgei (KEN) 8'21"43
2. Boit Kipketer (KEN) 8'21"77
3. Ezzine (MAR) 8'22"15

Messieurs - 5 000 m
1. Wolde (ETH) 13'35"49
2. Saïdi-Sief (ALG) 13'36"20
3. Lahlafi (MAR) 13'36"47

Messieurs - 10 000 m
1. Gebreselassie (ETH) 27'18"20
2. Tergat (KEN) 27'18"29
3. Mezgebu (ETH) 27'19"75

Messieurs - 20 km marche
1. Korzeniowski (POL) 1 h 18'59"
2. Andreyev (RUS) 1 h 19'27"
3. Hernandez (MEX) 1 h 19'30"

Messieurs - 50 km marche
1. Korzeniowski (POL) 3 h 42'22"
2. Fadejevs (LIT) 3 h 43'40"
3. Sanchez (MEX) 3 h 44'36"

Messieurs - marathon
1. Abera (ETH) 2 h 10'11"
2. Wainaina (KEN) 2 h 10'31"
3. Tola (ETH) 2 h 11'10"

Messieurs - longueur
1. Pedroso (CUB) 8,55 m
2. Taurima (AUS) 8,49 m
3. Schurenko (UKR) 8,31 m

Messieurs - hauteur
1. Kliugin (RUS) 2,35 m
2. Sotomayor (CUB) 2,32 m
3. Hammad (ALG) 2,32 m

Messieurs - triple saut
1. Edwards (GBR) 17,71 m
2. Y. Garcia (CUB) 17,47 m
3. Kapustin (RUS) 17,46 m

Messieurs - perche
1. Hysong (USA) 5,90 m
2. L. Johnson (USA) 5,90 m
3. Tarasov (RUS) 5,90 m

Messieurs - disque
1. Alekna (LIT) 69,30 m
2. Riedel (ALL) 68,50 m
3. Kruger (AFS) 68,19 m

Messieurs - marteau
1. Ziolkowski (POL) 80,02 m
2. Vizzoni (ITA) 79,64 m
3. Astapkovitch (BLR) 79,17 m

Messieurs - poids
1. Harju (FIN) 21,29 m
2. Nelson (USA) 21,21 m
3. Godina (USA) 21,20 m

Messieurs - javelot
1. Zelezny (RTC) 90,17 m
2. Backley (GBR) 89,85 m
3. Makarov (RUS) 88,67 m

Messieurs - décathlon
1. Nool (EST) 8 641 pts
2. Sebrle (RTC) 8 606 pts
3. Huffins (USA) 8 595 pts

Dames - 100 m
1. Jones (USA) 10"75
2. Thanou (GRE) 11"12
3. Lawrence (JAM) 11"18

Dames - 200 m
1. Jones (USA) 21"84
2. Davis-Thompson (BAH) 22"27
3. Jayasinghe (SRI) 22"28

Dames - 400 m
1. Freeman (AUS) 49"11
2. Graham (JAM) 49"58
3. Merry (GBR) 49"72

Dames - 100 m haies
1. Shishigina (KAZ) 12"65
2. Alozie (NGA) 12"68
3. Morrison (USA) 12"76

Dames - 400 m haies
1. Privalova (RUS) 53"02
2. Hemmings (JAM) 53"45
3. Bidouane (MAR) 53"57

Dames - 4 x 100 m
1. Bahamas 41"95
(Fynes, Sturrup, Davis-Thompson, Ferguson)
2. Jamaïque 42"13
3. États-Unis 42"20

Dames - 4 x 400 m
1. États-Unis 3'22"62
(Miles-Clark, Hennagan, Jones, Colander-Richardson)
2. Jamaïque 3'23"25
3. Russie 3'23"46

Dames - 800 m
1. Mutola (MOZ) 1'56"15
2. Graf (AUT) 1'56"64
3. Holmes (GBR) 1'56"80

Dames - 1 500 m
1. Merah-Benida (ALG) 4'5"10
2. Szekely (ROU) 4'5"15
3. Szabo (ROU) 4'5"27

Dames - 5 000 m
1. Szabo (ROU) 14'40"79
2. O'Sullivan (IRL) 14'41"02
3. Wami (ETH) 14'42"23

Dames - 10 000 m
1. Tulu (ETH) 30'17"49
2. Wami (ETH) 30'22"48
3. Ribeiro (POR) 30'22"88

Dames - 20 km marche
1. Wang Liping (CHN) 1 h 29'5"
2. Tysse-Platzer (NOR) 1 h 29'33"
3. Vasco (ESP) 1 h 30'23"

Dames - marathon
1. Takahashi (JAP) 2 h 15'19"
2. Simon (ROU) 2 h 23'22"
3. Chepchumba (KEN) 2 h 24'45"

Dames - longueur
1. Drechsler (ALL) 6,99 m
2. May (ITA) 6,92 m
3. Jones (USA) 6,92 m

Dames - hauteur
1. Elesina (RUS) 2,01 m
2. Cloete (AFS) 2,01 m
3. Bergqvist (SUE), Pantelimon (ROU) 1,99 m

Dames - triple saut
1. Marinova (BUL) 15,20 m
2. Lebedeva (RUS) 15 m
3. Hovorova (UKR) 14,96 m

Dames - perche
1. Dragila (USA) 4,60 m
2. Grigorieva (AUS) 4,55 m
3. Flosadottir (ISL) 4,50 m

Dames - marteau
1. Sklolimowska (POL) 71,16 m
2. Kuzenkova (RUS) 69,77 m
3. Muenchow (ALL) 69,28 m

Dames - poids
1. Korolchik (BLR) 20,56 m
2. Peleshenko (RUS) 19,92 m
3. Kumbernuss (ALL) 19,62 m

Dames - disque
1. Zvereva (BLR) 68,40 m
2. Kelesidou (GRE) 65,71 m
3. Atchenko (BLR) 65,20 m

Dames - javelot
1. Hattestad (NOR) 68,91 m
2. Maniani-Tzelili (GRE) 67,51 m
3. Menendez (CUB) 66,18 m

Dames - heptathlon
1. Lewis (GBR) 6 584 pts
2. Prokhorova (RUS) 6 531 pts
3. Sazanovitch (BLR) 6 527 pts

AVIRON

Messieurs - skiff
1. Waddell (NZL) 6'48"90
2. Mueller (SUI) 6'50"55
3. Hacker (ALL) 6'50"83

Messieurs - deux sans barreur
1. France 6'32"97
2. États-Unis 6'33"80
3. Australie 6'34"26

Messieurs - deux de couple
1. Slovénie 6'16"63
2. Norvège 6'17"98
3. Italie 6'20"49

Messieurs - deux de couple poids légers
1. Pologne 6'21"75
2. Italie 6'23"47
3. France 6'24"85

Messieurs - quatre sans barreur
1. Grande-Bretagne 5'56"24
2. Italie 5'56"62
3. Australie 5'57"61

Messieurs - quatre sans barreur poids légers
1. France 6'1"68
2. Australie 6'2"09
3. Danemark 6'3"51

Messieurs - quatre de couple
1. Italie 5'45"56
2. Pays-Bas 5'47"91
3. Allemagne 5'48"64

Messieurs - huit
1. Grande-Bretagne 5'33"08
2. Australie 5'33"88
3. Croatie 5'34"85

Dames - skiff
1. Karsten (BLR) 7'28"14
2. Neykova (BUL) 7'28"15
3. Rutschow-Stomporowski (ALL) 7'28"99

Dames - deux sans barreuse
1. Roumanie 7'11"
2. Australie 7'12"56
3. États-Unis 7'13"

Dames - deux de couple
1. Allemagne 6'55"44
2. Pays-Bas 7'0"36
3. Lituanie 7'1"71

Dames - deux de couple poids légers
1. Roumanie 7'2"64
2. Allemagne 7'2"95
3. États-Unis 7'6"37

Dames - quatre de couple
1. Allemagne 6'19"58
2. Grande-Bretagne 6'21"64
3. Russie 6'21"65

Dames - huit
1. Roumanie 6'6"44
2. Pays-Bas 6'9"39
3. Canada 6'11"58

BADMINTON

Messieurs - simple
1. Ji Xinpeng (CHN)
2. Hendrawan (IND)
3. Xia Xuanze (CHN)

Messieurs - double
1. Gunawan-Wijaya (IDN)
2. Lee Dong-soo-Yoo/Yung-sung (CDS)
3. Ha Tae-kwon-Kim/ Dong-moon (CDS)

Dames - simple
1. Zhichao Gong (CHN)
2. Martin (DAN)
3. Ye Zhaoying (CHN)

Dames - double
1. Ge Fei-Gu Jun (CHN)
2. Huang Nanyan-Yang Wei (CHN)
3. Gao Ling-Qin Yiyuan (CHN)

Double mixte
1. Zhang Jun-Ling Gao (CHN)
2. Kusharyanto-Timur (IDN)
3. Archer-Goode (GBR)

BASE-BALL

1. États-Unis
2. Cuba
3. Corée du Sud

BASKET

Messieurs
1. États-Unis
2. France
3. Lituanie

Dames
1. États-Unis
2. Australie
3. Brésil

BEACH-VOLLEY

Messieurs
1. Blanton-Fonoimoana (USA)
2. Ze Marco-Ricardo Santos (BRE)
3. Ahmann-Hager (ALL)

Dames
1. Cook-Pottharst (AUS)
2. Behar-Bede (BRE)
3. Samuel-Pires (BRE)

BOXE

Mi-mouche (48 kg)
1. Asloum (FRA)
2. Lozano (ESP)
3. Kim Un-chol (CDN), Romero (CUB)

Mouche (51 kg)
1. Ponlid (THA)
2. Jumadilov (KAZ)
3. Thomas (FRA), Sidorenko (UKR)

Coq (54 kg)
1. Rigondeaux (CUB)
2. Malachbekov (RUS)
3. Vinson (USA), Daniltchenko (UKR)

Plume (57 kg)
1. Sattarkhanov (KAZ)
2. Juarez (USA)
3. Tamsamani (MAR), Dzamalutdinov (RUS)

Légers (60 kg)
1. Kindelan (CUB)
2. Kotelnyk (UKR)
3. Maletin (RUS), Bejarano (MEX)

Super-légers (63,5 kg)
1. Abdullaev (OUZ)
2. Williams (USA)
3. Luna (CUB), Allalou (ALG)

Welters (67 kg)
1. Saitov (RUS)
2. Dotsenko (UKR)
3. Grusac (MOL), Dorel-Simion (ROU)

Super-welters (71 kg)
1. Ibraimov (KAZ)
2. Simion (ROU)
3. Thangburan (THA), Taylor (USA)

Moyens (75 kg)
1. Gutierrez (CUB)
2. Gaidarbekov (RUS)
3. Alekperov (AZE), Erdei (HON)

Mi-lourds (81 kg)
1. Lebziak (RUS)
2. Kraj (RTC)
3. Fedtchouk (UKR), Mikhailov (OUZ)

Lourds (91 kg)
1. Savon (CUB)
2. Ibzagimov (RUS)
3. Tchantouria (GEO), Kober (ALL)

Super-lourds (+91 kg)
1. Harrison (GBR)
2. Dildabekov (KAZ)
3. Saidov (OUZ), Vidoz (ITA)

CANOË-KAYAK

Messieurs - slalom C1
1. Estanguet (FRA) 231,87 pts
2. Martikan (SLQ) 233,76 pts
3. Mincik (SLQ) 234,22 pts

Messieurs - C1 500 m
1. Kolonics (HON) 2'24"81
2. Opalev (RUS) 2'25"80
3. Dittmer (ALL) 2'27"59

Messieurs - C1 1 000 m
1. Dittmer (ALL) 3'54"37
2. Balceiro (CUB) 3'56"07
3. Giles (CAN) 3'56"43

Messieurs - slalom C2
1. Pe. Hochschorner-Pa. Hochschorner (SLQ) 237,74 pts
2. Kolomanski-Staniszewski (POL) 243,81 pts
3. Jiras-Mader (RTC) 249,45 pts

Messieurs - C2 500 m
1. Hongrie 1'51"28
2. Pologne 1'51"53
3. Roumanie 1'54"26

Messieurs - C2 1 000 m
1. Roumanie 3'37"35
2. Cuba 3'38"75
3. Allemagne 3'41"12

Messieurs - slalom K1
1. Schmidt (ALL) 217,25 pts
2. Ratcliffe (GBR) 223,71 pts
3. Ferrazzi (ITA) 225,03 pts

Messieurs - K1 500 m
1. Holmann (NOR) 1'57"84
2. Merkov (BUL) 1'58"39
3. Kolganov (ISR) 1'59"56

Messieurs - K1 1 000 m
1. Holmann (NOR) 3'33"26
2. Merkov (BUL) 3'34"64
3. Brabants (GBR) 3'35"05

Messieurs - K2 500 m
1. Hongrie 1'47"05
2. Australie 1'47"89
3. Allemagne 1'48"77

Messieurs - K2 1 000 m
1. Italie 3'14"46
2. Suède 3'16"07
3. Hongrie 3'16"35

Messieurs - K4 1 000 m
1. Hongrie 2'55"18
2. Allemagne 2'55"70
3. Pologne 2'57"19

Dames - slalom K1
1. Hilgertova (RTC) 247,07 pts
2. Guibal (FRA) 251,88 pts
3. Bardet (FRA) 254,77 pts

Dames - K1 500 m
1. Guerrini (ITA) 2'13"84
2. Brunet (CAN) 2'14"64
3. Borchert (AUS) 2'15"13

Dames - K2 500 m
1. Allemagne 1'56"99
2. Hongrie 1'58"58
3. Pologne 1'58"78

Dames - K4 500 m
1. Allemagne 1'34"53
2. Hongrie 1'34"94
3. Roumanie 1'37"01

CYCLISME

Messieurs - course sur route individuelle
1. Ullrich (ALL)
2. Vinokourov (KAZ)
3. Klöden (ALL)

Messieurs - vitesse individuelle
1. Nothstein (USA)
2. Rousseau (FRA)
3. Fiedler (ALL)

Messieurs - course aux points
1. Llaneras (ESP)
2. Wynants (URU)
3. Markov (RUS)

Messieurs - course contre la montre
1. Ekimov (RUS) 57"40
2. Ullrich (ALL) à 8"
3. Armstrong (USA) à 34"

Messieurs - kilomètre
1. Queally (GBR) 1'1"609
2. Nimke (ALL) 1'2"487
3. Kelly (AUS) 1'2"818

Messieurs - poursuite individuelle
1. Bartko (ALL) 4'18"515
2. Lehmann (ALL) 4'23"824
3. McGee (AUS) 4'19"250

Messieurs - vitesse par équipes
1. France (Gané, Rousseau, Tournant) 44"233
2. Grande-Bretagne 44"680
3. Australie 45"161

Messieurs - poursuite par équipes
1. Allemagne 3'59"710 (RM)
2. Ukraine 4'4"520
3. Grande-Bretagne 4'1"979

Messieurs - VTT course individuelle
1. Martinez (FRA) 2 h 9'2"
2. Meirhaeghe (BEL) 2 h 10'5"
3. Sauser (SUI) 2 h 11'21"

Messieurs - keirin
1. Rousseau (FRA)
2. Neiwand (AUS)
3. Fiedler (ALL)

Messieurs - américaine
1. Australie 26 pts
2. Belgique 22 pts
3. Italie 15 pts

Dames - course sur route individuelle
1. Zijlaard-Van Moorsel (HOL)
2. Kupfernagel (ALL)
3. Ziliute (LIT)

Dames - vitesse individuelle
1. Ballanger (FRA)
2. Grichina (RUS)
3. Yanovitch (UKR)

Dames - course aux points
1. Belluti (ITA)
2. Ziljaard-Van Moorsel (HOL)
3. Slioussareva (RUS)

Dames - course contre la montre
1. Ziljaard-Van Moorsel (HOL) 42'
2. Holden (USA) à 37"
3. Longo-Ciprelli (FRA) à 52 "

Dames - 500 m
1. Ballanger (FRA) 34"140
2. Ferris (AUS) 34"696
3. Jiang Cui-hua (CHN) 34"768

Dames - poursuite individuelle
1. Zijlaard-Van Moorsel (HOL) 3'33"360
2. Clignet (FRA) 3'38"751
3. McGregor (GBR) 3'38"850 (RE)

Dames - VTT course individuelle
1. Pezzo (ITA) 1 h 49'24"
2. Blatter (SUI) 1 h 49'54"
3. Fullana (ESP) 1 h 49'57"

ÉQUITATION

Concours complet individuel
1. D. O'Connor (USA) 34 pts
2. Hoy (AUS) 39,80 pts
3. Todd (NZL) 42 pts

Concours complet par équipes
1. Australie 146,80 pts
2. Grande-Bretagne 161 pts
3. États-Unis 175,80 pts

Dressage par équipes
1. Allemagne 5 632 pts
2. Pays-Bas 5 579 pts
3. États-Unis 5 166 pts

Dressage individuel
1. Van Grunsven (HOL) 239,18 pts
2. Werth (ALL) 234,19 pts
3. Salzgeber (ALL) 230,57 pts

Saut d'obstacles individuel
1. Dubbeldam (HOL) 0 pt, 50'65"
2. Voorn (HOL) 4 pts, 44'72"
3. Al-Eid (ARS) 4 pts, 44'86"

Saut d'obstacles par équipes
1. Allemagne 15 pts
2. Suisse 16 pts
3. Brésil 24 pts

ESCRIME

Messieurs - épée individuelle
1. Kolobkov (RUS)
2. Obry (FRA)
3. Lee Sang-ki (CDS)

Messieurs - épée par équipes
1. Italie
2. France
3. Cuba

Messieurs - fleuret individuel
1. Kim Young-ho (CDS)
2. Bissdorf (ALL)
3. Chevtchenko (RUS)

Messieurs - fleuret par équipes
1. France
2. Chine
3. Italie

Messieurs - sabre individuel
1. Covaliu (ROM)
2. Gourdain (FRA)
3. Kothny (ALL)

Messieurs - sabre par équipes
1. Russie
2. France
3. Allemagne

Dames - épée individuelle
1. Nagy (HON)
2. Habluetzek-Buerki (SUI)
3. Flessel (FRA)

Dames - épée par équipes
1. Russie
2. Suisse
3. Chine

Dames - fleuret individuel
1. Vezzali (ITA)
2. König (ALL)
3. Trillini (ITA)

Dames - fleuret par équipes
1. Italie
2. Pologne
3. Allemagne

FOOTBALL

Messieurs
1. Cameroun
2. Espagne
3. Chili

Dames
1. Norvège
2. États-Unis
3. Allemagne

GYMNASTIQUE

Messieurs - concours général
1. Nemov (RUS) 58,474 pts
2. Yang Wei (CHN) 58,361 pts
3. Baresch (UKR) 58,212 pts

Messieurs - barres parallèles
1. Li Xiaopeng (CHN) 9,825 pts
2. Lee Joo-hyung (CDS) 9,812 pts
3. Nemov (RUS) 9,800 pts

Messieurs - sol
1. Vihrovs (LET) 9,812 pts
2. Nemov (RUS) 9,800 pts
3. Jovtchev (BUL) 9,787 pts

Messieurs - anneaux
1. Csollany (HON) 9,850 pts
2. Tambakos (GRE) 9,762 pts
3. Jovtchev (BUL) 9,737 pts

Messieurs - cheval-d'arçons
1. Urzica (ROU) 9,862 pts
2. Poujade (FRA) 9,825 pts
3. Nemov (RUS) 9,800 pts

Messieurs - saut
1. Deferr (ESP) 9,712 pts
2. Bondarenko (RUS) 9,587 pts
3. Blanik (POL) 9,475 pts

Messieurs - barre fixe
1. Nemov (RUS) 9,787 pts
2. Varonian (FRA) 9,787 pts
3. Lee Joo-hyung (CDS) 9,775 pts

Messieurs - concours par équipes
1. Chine
2. Ukraine
3. Russie

Dames - concours général
1. Amanar (ROU) 38,642 pts
2. Olaru (ROU) 38,581 pts
3. Liu Xuan (CHN) 38,418 pts

Dames - barres asymétriques
1. Ling Jie (CHN) 9,837 pts
2. Yang Yun (CHN) 9,787 pts
2. Liu Xuan (CHI)

Dames - poutre
1. Liu Xuan (CHN) 9,825 pts
2. Lobazniouk (RUS) 9,787 pts
3. Prodounova (RUS) 9,775 pts

Dames - saut
1. Zamolodchikova (RUS) 9,731 pts
2. Raducan (ROU) 9,693 pts
3. Lobazniouk (RUS) 9,674 pts

Dames - sol
1. Zamolodchikova (RUS) 9,850 pts
2. Khorkina (RUS) 9,812 pts
3. Amanar (ROU) 9,712 pts

Dames - concours par équipes
1. Roumanie
2. Russie
3. Chine

GYMNASTIQUE RYTHMIQUE

Ensembles
1. Russie
2. Bélarus
3. Grèce

Concours individuel
1. Barsoukova (RUS) 39,632 pts
2. Raskina (BLR) 39,548 pts
3. Kabaeva (RUS) 39,466 pts

HALTÉROPHILIE

Messieurs - –56 kg
1. Mutlu (TUR) (137,5 + 167,5) (RM) 305 kg
2. Wu Wenxiong (CHN) 287,5 kg
3. Zhang Xiangxiang (CHN) 287,5 kg

Messieurs - – 62 kg
1. Pechalov (CRO) 325 kg
2. Sabanis (GRE) 317,5 kg
3. Minchev Angelov (BUL) 317,5 kg

Messieurs - – 69 kg
1. Boevski (BUL) 357,5 kg
2. Markov (BUL) 352,5 kg
3. Lavrenov (BLR) 340 kg

Messieurs - – 77 kg
1. Zhan Xugang (CHN) 367,5 kg
2. Mitrou (GRE) 367,5 kg
3. Melikian (ARM) 365 kg

Messieurs - – 85 kg
1. Dimas (GRE) 390 kg
2. Huster (ALL) 390 kg
3. Asanidze (GEO) 390 kg

Messieurs - – 94 kg
1. Kakiasvilis (GRE) 405 kg
2. Kolecki (POL) 405 kg
3. Petrov (RUS) 402,5 kg

Messieurs - – 105 kg
1. Tavakoli (IRA) 425 kg
2. Tsagaev (BUL) 422,5 kg
3. Assad (QAT) 420 kg

Messieurs - + 105 kg
1. Rezazdeh (IRN) 472,5 kg
2. Weller (ALL) 467,5 kg
3. Danielyan (ARM) 465 kg

Dames - – 48 kg
1. Dragneva (BUL) 190 kg
2. Nott (USA) 185 kg
3. Rumbewas (IDN) 185 kg

Dames - – 53 kg
1. Yang Xia (CHN) 225 kg
2. Li Feng-ying (TAI) 212,5 kg
3. Slamet-Winardi (IDN) 202,5 kg

Dames - – 58 kg
1. Mendivil (MEX) 225,5 kg
2. Ri Song-hui (CDN) 220 kg
3. Suta (THA) 210 kg

Dames - – 63 kg
1. Chen Xiaomin (CHN) 242,5 kg
2. Popova (RUS) 235 kg
3. Chatziiannou (GRE) 222,5 kg

Dames - – 69 kg
1. Li Weinin (CHN) 242,5 kg
2. Markus (HUN) 242,5 kg
3. Malleswari (IND) 240 kg

Dames - – 75 kg
1. Urrutia (COL) 245 kg
2. Ogbeifo (NGA) 245 kg
3. Kuo Yi-Hang (TAI) 245 kg

Dames - + 75 kg
1. Ding Meiyuan (CHN) 300 kg
2. Wrobel (POL) 295 kg
3. Haworth (USA) 260 kg

HANDBALL

Messieurs
1. Russie
2. Suède
3. Espagne

Dames
1. Danemark
2. Hongrie
3. Norvège

HOCKEY SUR GAZON

Messieurs
1. Pays-Bas
2. Corée du Sud
3. Australie

Dames
1. Australie
2. Argentine
3. Pays-Bas

JUDO

Messieurs - – 60 kg
1. Nomura (JAP)
2. Jung Bu-kyung (CDS)
3. Poulot (CUB), Smagulov (KIR)

Messieurs - – 66 kg
1. Ozkan (TUR)
2. Benboudaoud (FRA)
3. Giovinazzo (ITA), Vazagashvili (GEO)

Messieurs - – 73 kg
1. Maddaloni (ITA)
2. Camilo (BRE)
3. Laryukov (BLR), Zelonij (LET)

Messieurs - – 81 kg
1. Takimoto (JAP)
2. Cho In-chul (CDS)
3. Delgado (POR), Budolin (EST)

Messieurs - – 90 kg
1. Huizinga (HOL)
2. Honorato (BRE)
3. Demontfaucon (FRA), Mashurenko (UKR)

Messieurs - – 100 kg
1. Inoue (JAP)
2. Gill (CAN)
3. Stepkine (RUS), Traineau (FRA)

Messieurs - + 100 kg
1. Douillet (FRA)
2. Shinohara (JAP)
3. Pertelson (EST), Tmenov (RUS)

Dames - – 48 kg
1. Tamura (JAP)
2. Brouletova (RUS)
3. Gradante (ALL), Simons (BEL)

Dames - – 52 kg
1. Verdecia (CUB)
2. Narazaki (JAP)
3. Kye Sun-hui (CDN), Liu Yuxiang (CHN)

Dames - – 57 kg
1. Fernandez (ESP)
2. Gonzalez (CUB)
3. Kusakabe (JAP), Pekli (AUS)

Dames - – 63 kg
1. Vandenhende (FRA)
2. Li Shufang (CHN)
3. Vandecaveye (BEL), Jung Sung-sook (CDS)

Dames - – 70 kg
1. Veranes (CUB)
2. Howey (GBR)
3. Cho Min-sun (CDS), Scapin (ITA)

Dames - – 78 kg
1. Tang Lin (CHN)
2. Lebrun (FRA)
3. Richter (ROU), Pierantozzi (ITA)

Dames - + 78 kg
1. Yuan Hua (CHN)
2. Beltran (CUB)
3. Kim Seon-young (CDS), Yamashita (JAP)

LUTTE GRÉCO-ROMAINE

– 54 kg
1. Sim Kwon-ho (CDS)
2. Rivas (CUB)
3. Kang Yong-gyun (CDN)

– 58 kg
1. Nazarian (BUL)
2. Kim In-sub (CDS)
3. Sheng Zetian (CHN)

– 63 kg
1. Samourgachev (RUS)
2. Maren (CUB)
3. Chachua (GEO)

– 69 kg
1. Azcuy (CUB)
2. Nagata (JAP)
3. Glouchkov (RUS)

– 76 kg
1. Kardanov (RUS)
2. Lindland (USA)
3. Yli-Hannuksela (FIN)

– 85 kg
1. Yerlikaya (TUR)
2. Bardosi (HON)
3. Vakhtangadze (GEO)

– 97 kg
1. Ljundberg (SUE)
2. Saldadze (UKR)
3. Lowney (USA)

– 130 kg
1. Gardner (USA)
2. Kareline (RUS)
3. Debelka (BLR)

LUTTE LIBRE

– 54 kg
1. Abdullaev (AZE)
2. Henson (USA)
3. Karntanov (GRE)

– 58 kg
1. Dabir (IRN)
2. Buslovych (UKR)
3. Brands (USA)

– 63 kg
1. Oumakhanov (RUS)
2. Barzakov (BUL)
3. Jang Jae-sung (CDS)

– 69 kg
1. Igali (CAN)
2. Gitinov (RUS)
3. McIlravy (USA)

– 76 kg
1. Leipold (ALL)
2. Slay (USA)
3. Moon Eui-jae (CDS)

– 85 kg
1. A. Saitiev (RUS)
2. Romero (CUB)
3. Ibragimov (MCD)

– 97 kg
1. Mourtasaliyev (RUS)
2. Bairamoukov (KAZ)
3. Kurtanidze (GEO)

– 130 kg
1. Moussoulbes (RUS)
2. Taymarov (OUZ)
3. Rodriguez (CUB)

NATATION

Messieurs - 50 m
1. Hall (USA), Ervin (USA) 21"98
3. Van den Hoogenband (HOL) 22"03

Messieurs - 100 m nage libre
1. Van den Hoogenband (HOL) 48"30
2. Popov (RUS) 48"69
3. Hall (USA) 48"73

Messieurs - 100 m dos
1. Krayzelburg (USA) 53"72
2. Welsh (AUS) 54"07
3. Theloke (ALL) 54"82

Messieurs - 100 m brasse
1. Fioravanti (ITA) 1'0"46
2. Moses (USA) 1'0"73
3. Sludnov (RUS) 1'0"91

Messieurs - 100 m papillon
1. Frolander (SUE) 52
2. Klim (AUS) 52"18
3. Huegill (AUS) 52"22

Messieurs - 200 m nage libre
1. Van den Hoogenband (HOL) 1'45"35
2. Thorpe (AUS) 1'45"83
3. Rosolino (ITA) 1'46"65

Messieurs - 200 m brasse
1. Fioravanti (ITA) 2'10"87
2. Parkin (AFS) 2'12"50
3. Rummolo (ITA) 2'12"73

Messieurs - 200 m dos
1. Krayzelburg (USA) 1'56"76
2. Peirsol (USA) 1'57"35
3. Welsh (AUS) 1'57"59

Messieurs - 200 m papillon
1. Malchow (USA) 1'55"35
2. Silantiev (UKR) 1'55"76
3. Norris (AUS) 1'56"17

Messieurs - 200 m 4 nages
1. Rosolino (ITA) 1'58"98
2. Dolan (USA) 1'59"77
3. Wilkens (USA) 2'0"87

Messieurs - 400 m
1. Thorpe (AUS) 3'40"59 (RM)
2. Rosolino (ITA) 3'43"40
3. Keller 3'47"

Messieurs - 400 m 4 nages
1. Dolan (USA) 4'11"76 (RM)
2. Vendt (USA) 4'14"23
3. Myden (CAN) 4'15"33

Messieurs - 4 x 100 m nage libre
1. Australie 3'13"67 (RM) (Klim, Fydler, Callus, Thorpe)
2. États-Unis 3'13"86
3. Brésil 3'17"40

Messieurs - 4 x 100 m 4 nages
1. États-Unis (Krayzelburg, Moses, Crocker, Hall) 3'33"73 (RM)
2. Australie 3'35"27
3. Allemagne 3'35"88

Messieurs - 1 500 m
1. Hackett (USA) 14'48"33
2. Perkins (AUS) 14'53"59
3. Thompson (USA) 14'56"81

Messieurs - 4 x 200 m nage libre
1. Australie (Thorpe, Klim, Pearson, Kirby) 7'7"05 (RM)
2. États-Unis 7'12"64
4. Pays-Bas 7'12"70

Dames - 50 m
1. De Bruijn (HOL) 24"32
2. Alshammar (SUE) 24"51
3. Torres (USA) 24"63

Dames - 100 m
1. De Bruijn (HOL) 53"83
2. Alshammar (SUE) 54"33
3. Torres (USA), Thompson (USA) 54"43

Dames - 100 m brasse
1. Quann (USA) 1'7"05
2.Jones (AUS) 1'7"49
3. Heyns (AFS) 1'7"55

Dames - 100 m dos
1. Mocanu (ROU) 1'0"21 (RE)
2. Nakamura (JAP) 1'0"55
3. Zhivanevskaïa (ESP) 1'0"89

Dames - 100 m papillon
1. De Bruijn (HOL) 56"61 (RM)
2. Moravcova (SLQ) 57"97
3. Torres (USA) 58"20

Dames - 200 m nage libre
1. O'Neill (AUS) 1'58"24
2. Moravcova (SLQ) 1'58"32
3. Poll (CRI) 1'58"81

Dames - 200 m brasse
1. Kovacs (HON) 2'24"35
2. Kowal (USA) 2'24"56
3. Beard (USA) 2'25"35

Dames - 200 m dos
1. Mocanu (ROU) 2'8"16
2. Maracineanu (FRA) 2'10"25
3. Nakao (JAP) 2'11"05

Dames - 200 m papillon
1. Hyman (USA) 2'5"88
2. O'Neill (AUS) 2'6"58
3. Thomas (AUS) 2'7"12

Dames - 200 m 4 nages
1. Klochkova (UKR) 2'10"68 (RE)
2. Caslaru (ROU) 2'12"57
3. Teuscher (USA) 2'13"32

Dames - 4 x 100 m nage libre
1. États-Unis 3'36"61 (RM) (Van Dyken, Torres, Shealy, Thompson)
2. Pays-Bas 3'39"83 (RE)
3. Suède 3'40"30

Dames - 400 m nage libre
1. Bennett (USA) 4'5"80
2. Munz (USA) 4'7"07
3. Poll (CRI) 4'7"83

Dames - 400 m 4 nages
1. Klochkova (UKR) 4'33"59 (RM)
2. Tajima (JAP) 4'35"96
3. Caslaru (ROU) 4'37"18

Dames - 800 m
1. Bennett (USA) 8'19"67
2. Klochkova (UKR) 8'22"66
3. Sandeno (USA) 8'24"29

Dames - 4 x 100 m 4 nages
1. États-Unis (Bedford, Quann, Thompson,Torres) 3'58"30 (RM)
2. Australie 4'1"59
3. Japon 4'4"16

Dames - 4 x 200 m nage libre
1. États-Unis 7'57"80 (Arsenault, Munz, Benko, Thompson)
2. Australie 7'58"52
3. Allemagne 7'58"64

NATATION SYNCHRONISÉE

Duo
1. Brousnikina-Kisseleva (RUS) 99,580 pts
2. Tachibana-Takeda (JAP) 98,650 pts
3. Dedieu-Lignot (FRA) 97,437 pts

Ballet
1. Russie 99,146 pts
2. Japon 98,860 pts
3. Canada 97,357 pts

PENTATHLON MODERNE

Messieurs - épreuve individuelle
1. Svatkovski (RUS) 5 376 pts
2. Balogh (HON) 5 353 pts
3. Dovgal (BLR) 5 338 pts

Dames - épreuve individuelle
1. Cook (GBR) 5 318 pts
2. De Riel (USA) 5 310 pts
3. Allenby (GBR) 5 273 pts

PLONGEON

Messieurs - 3 m
1. Ni Xiong (CHN) 708,72 pts
2. Platas (MEX) 708,42 pts
3. Sautin (RUS) 703,20 pts

Messieurs - 3 m synchronisé
1. Ni Xiong-Xiao Hailiang (CHN) 365,58 pts
2. Dobroskok–Sautin (RUS) 329,97 pts
3. Newbery–Pullar (AUS) 322,86 pts

Messieurs - haut vol
1. Tian Liang (CHN) 724,53 pts
2. Hu Jia (CHN) 713,55 pts
3. Sautin (RUS) 679,26 pts

Messieurs - haut vol synchronisé
1. Loukachine-Saoutine (RUS) 365,04 pts
2. Hu Jia-Tian Liang (CHN) 358,74 pts
3. Hempel-Meyer (ALL) 338,88 pts

Dames - 3 m
1. Fu Mingxia (CHN) 609,42 pts
2. Guo Jingjing (CHN) 597,81 pts
3. Lindner (ALL) 574,35 pts

Dames - 3 m synchronisé
1. Ilina-Pakhalina (RUS) 332,64 pts
2. Fu Mingxia-Guo Jingjing (CHN) 321,60 pts
3. Sorokina-Zhupina (UKR) 290,34 pts

Dames - haut vol
1. Wilkinson (USA) 543,75 pts
2. Li Na (CHN) 542,01 pts
3. Montminy (CAN) 540,15 pts

Dames - haut vol synchronisé
1. Li Na-Sang Xue (CHN) 345,12 pts
2. Heymans-Montminy (CAN) 312,03 pts
3. Gilmore-Tourky (AUS) 301,50 pts

SOFTBALL

1. États-Unis
2. Japon
3. Australie

TAEKWONDO

Messieurs - – 58 kg
1. Mouroutsos (GRE)
2. Esparza (ESP)
3. Huang Chih-Hsiung (TAI)

Messieurs - – 68 kg
1. Lopez (USA)
2. Sin Joon-sik (CDS)
3. Saeibonehkohal (IRN)

Messieurs - – 80 kg
1. Matos Fuentes (CUB)
2. Ebnoutalib (ALL)
3. Estrada (MEX)

Messieurs - + 80 kg
1. Kim Kyong-Hun (CDS)
2. Trenton (AUS)
3. Gentil (FRA)

Dames - – 49 kg
1. Burns (AUS)
2. Melendez (CUB)
3. Chi Shu-Ju (TAI)

Dames - – 57 kg
1. Jung Jae-eun (CDS)
2. Tran Hieu Ngan (VIE)
3. Bikcin (TUR)

Dames - – 67 kg
1. Lee Sun-Hee (CDS)
2. Gundersen (NOR)
3. Okamoto (JAP)

Dames - + 67 kg
1. Chen Zhong (CHN)
2. Ivanova (RUS)
3. Bosshart (CAN)

TENNIS

Messieurs - simple
1. Kafelnikov (RUS)
2. Haas (ALL)
3. Di Pasquale (FRA)

Messieurs - double
1. Lareau-Nestor (CAN)
2. Woodbridge-Woodforde (AUS)
3. Corretja-Costa (ESP)

Dames - simple
1. V. Williams (USA)
2. Dementieva (RUS)
3. Seles (USA)

Dames - double
1. S. Williams-V. Williams (USA)
2. Boogert-Oremans (HOL)
3. Callens-Van Roost (BEL)

TENNIS DE TABLE

Messieurs - simple
1. Kong Linghui (CHN)
2. Waldner (SUE)
3. Liu Guoliang (CHN)

Messieurs - double
1. Wang Liqin-Yan Sen (CHN)
2. Kong Linghui-Liu Guoliang (CHN)
3. Chila-Gatien (FRA)

Dames - simple
1. Wang Nan (CHN)
2. Li Ju (CHN)
3. Chen Jing (TAI)

Dames - double
1. Li Ju–Wang Nan (CHN)
2. Sun Jin–Yang Ying (CHN)
3. Kim Moo-kyo–Ryu Ji-hye (CDS)

TIR

Messieurs - pistolet 10 m
1. Dumoulin (FRA) 688,9 pts
2. Wang Yifu (CHN) 686,9 pts
3. Basinky (BLR) 682,7 pts

Messieurs - pistolet 50 m
1. Kiriakov (BUL) 666 pts
2. Basinski (BUL) 663,3 pts
3. Tenk (RTC) 662,5 pts

Messieurs - pistolet vitesse olympique
1. Alifirenko (RUS) 687,6 pts
2. Ansermet (SUI) 686,1 pts
3. Raicea (ROU) 684,6 pts

Messieurs - carabine 10 m
1. Cai Yalin (CHN) 696,4 pts
2. Khadjibekov (RUS) 695,1 pts
3. Aleinikov (RUS) 693,8 pts

Messieurs - carabine 60 B. couché
1. Edman (SUE) 701,3 pts
2. Grimmel (DAN) 700,4 pts
3. Martynov (BLR) 700,3 pts

Messieurs - cible mobile
1. Yang Ling (CHN) 681,1 pts
2. Moldovan (MOL) 681 pts
3. Niu Zhiyuan (CHN) 677,4 pts

Messieurs - carabine 3 x 40 m
1. Debevec (SLO) 275 pts
2. Hirvi (FIN) 271 pts
3. Stenvaag (NOR) 269 pts

Messieurs - skeet olympique
1. Milchev (UKR) 150 pts
2. Malek (RTC) 148 pts
3. Graves (USA) 147 pts

Messieurs - fosse olympique
1. Diamond (AUS) 147 pts
2. Peel (GBR) 142 pts
3. Pellielo (ITA) 140 pts

Messieurs - double trap
1. Aulds (GBR) 187 pts
2. Mark (AUS) 187 pts
3. Al Deehani (KOW) 186 pts

Dames - pistolet 10 m
1. Tao Luna (CHN) 488,2 pts
2. Sekaric (YOU) 486,5 pts
3. Forder (AUS) 484 pts

Dames - carabine 10 m
1. Johnson (USA) 497,7 pts
2. Kang Cho-hyun (CDS) 497,5 pts
3. Gao Jing (CHN) 497,2 pts

Dames - carabine 3 x 20 m
1. Mauer-Rozanska (POL) 684,6
2. Goldobina (RUS) 680,9
3. Feklistova (RUS) 679,9

Dames - pistolet sport
1. Grozdeva (BUL) 690,3 pts
2. Tao Luna (CHN) 689,8 pts
3. Evglevskaya (BLR) 686 pts

Dames - skeet olympique
1. Meftakhetdinova (AZE) 98 pts
2. Demina (RUS) 95 pts
3. Igaly (HUN) 93 pts

Dames - fosse olympique
1. Gudzineviciute (LIT) 93 pts
2. Racinet (FRA) 92 pts
3. Gao E (CHN) 90 pts

Dames - double trap
1. Hansen (SUE) 148 pts
2. Gelisio (ITA) 144 pts
3. Rhode (USA) 139 pts

TIR À L'ARC

Messieurs - épreuve individuelle
1. Fairweather (AUS)
2. Wunderle (USA)
3. Van Alten (HOL)

Messieurs - épreuve par équipes
1. Corée du Sud
2. Italie
3. Russie

Dames - épreuve individuelle
1. Yu Mi-jin (CDS)
2. Kim Nam-soon (CDS)
3. Kim Soo-nyung (CDS)

Dames - épreuve par équipes
1. Corée du Sud
2. Ukraine
3. Allemagne

TRAMPOLINE

Messieurs
1. Moskalenko (RUS) 41,70 pts
2. Wallace (AUS) 39,30 pts
3. Turgeon (CAN) 39,10 pts

Dames
1. Karavaeva (RUS) 38,90 pts
2. Tsyguleva (UKR) 37,70 pts
3. Cockburn (CAN) 37,40 pts

TRIATHLON

Messieurs
1. Whitfield (CAN) 1'48"24
2. Vuckovic (ALL) 1'48"37
3. Rehula (RTC) 1'48"46

Dames
1. McMahon (SUI) 2 h 0'40"
2. Jones (AUS) 2 h 0'42"
3. Messmer (SUI) 2 h 1'8"

VOILE

Messieurs - Mistral
1. Sieber (AUT) 38 pts
2. Espinola (ARG) 43 pts
3. McIntosh (NZL) 48 pts

Messieurs - Laser
1. Ainslie (GBR) 42 pts
2. Scheidt (BRE) 44 pts
3. Blackburn (AUS) 60 pts

Messieurs - Finn
1. Percy (GBR) 35 pts
2. Devoti (ITA) 46 pts
3. Loof (SUE) 47 pts

Messieurs - 470
1. King-Turnbull (AUS) 38 pts
2. Foerster-Merrick (USA) 42 pts
3. Conte-De La Fuente (ARG) 57 pts

Messieurs - 49er
1. Johanson-Jarvi (FIN) 55 pts
2. Barker-Hiscocks (GBR) 60 pts
3. J. McKee-C. McKee (USA) 64 pts

Messieurs - Tornado
1. Hagara-Steinhacher (AUT) 16 pts
2. Bundock-Forbes (AUS) 25 pts
3. Gäbler-Schwall (ALL) 38 pts

Messieurs - Soling
1. Danemark
2. Allemagne
3. Norvège

Messieurs - Star
1. Reynolds-Liljedahl (USA) 34 pts
2. Walker-Covell (GBR) 35 pts
3. Grael-Ferreira (BRE) 39 pts

Dames - Mistral
1. Sensini (ITA) 15 pts
2. Lux (ALL) 15 pts
3. Kendall (NZL) 19 pts

Dames - 470
1. Armstrong-Stowell (AUS)
2. Isler-Glaser (USA)
3. Taran-Pakholchyk (UKR)

Dames - Europe
1. Robertson (GBR) 37 pts
2. Matthysse (HOL) 39 pts
3. Amato (ARG) 51 pts

VOLLEY-BALL

Messieurs
1. Yougoslavie
2. Russie
3. Italie

Dames
1. Cuba
2. Russie
3. Brésil

WATER-POLO

Messieurs
1. Hongrie
2. Russie
3. Yougoslavie

Dames
1. Australie
2. États-Unis
3. Russie

LE TABLEAU DES MÉDAILLES

POSITION	PAYS	OR	ARGENT	BRONZE	TOTAL
1	États-Unis	39	25	33	97
2	Russie	32	28	28	88
3	Chine	28	16	15	59
4	Australie	16	25	17	58
5	Allemagne	14	17	26	57
6	France	13	14	11	38
7	Italie	13	8	13	34
8	Pays-Bas	12	9	4	25
9	Cuba	11	11	7	29
10	Grande-Bretagne	11	10	7	28
11	Roumanie	11	6	9	26
12	Corée du Sud	8	9	11	28
13	Hongrie	8	6	3	17
14	Pologne	6	5	3	14
15	Japon	5	8	5	18
16	Bulgarie	5	6	2	13
17	Grèce	4	6	3	13
18	Suède	4	5	3	12
19	Norvège	4	3	3	10
20	Éthiopie	4	1	3	8
21	Ukraine	3	10	10	23
22	Kazakhstan	3	4	0	7
23	Bélarus	3	3	11	17
24	Canada	3	3	8	14
25	Espagne	3	3	5	11
26	Iran	3	0	1	4
26	Turquie	3	0	1	4
28	République tchèque	2	3	3	8
29	Kenya	2	3	2	7
30	Danemark	2	3	1	6
31	Finlande	2	1	1	4
32	Autriche	2	1	0	3
33	Lituanie	2	0	3	5
34	Azerbaïdjan	2	0	1	3
35	Slovénie	2	0	0	2
36	Suisse	1	6	2	9
37	Indonésie	1	3	2	6
38	Slovaquie	1	3	1	5
39	Mexique	1	2	3	6
40	Algérie	1	1	3	5
41	Ouzbékistan	1	1	2	4
42	Lettonie	1	1	1	3
42	Yougoslavie	1	1	1	3
44	Bahamas	1	1	0	2
45	Nouvelle-Zélande	1	0	3	4
46	Estonie	1	0	2	3
46	Thaïlande	1	0	2	3
48	Croatie	1	0	1	2
49	Cameroun	1	0	0	1
49	Colombie	1	0	0	1
49	Mozambique	1	0	0	1
52	Brésil	0	6	6	12
53	Jamaïque	0	4	3	7
54	Nigeria	0	3	0	3
55	Afrique du Sud	0	2	3	5
55	Belgique	0	2	3	5
57	Argentine	0	2	2	4
58	Maroc	0	1	4	5
58	Taïwan	0	1	4	5
60	Corée du Nord	0	1	3	4
61	Arabie Saoudite	0	1	1	2
61	Moldavie	0	1	1	2
61	Trinidad-et-Tobago	0	1	1	2
64	Eire	0	1	0	1
64	Uruguay	0	1	0	1
64	Vietnam	0	1	0	1
67	Géorgie	0	0	6	6
68	Costa Rica	0	0	2	2
68	Portugal	0	0	2	2
70	Arménie	0	0	1	1
70	Barbade	0	0	1	1
70	Chili	0	0	1	1
70	Inde	0	0	1	1
70	Islande	0	0	1	1
70	Israël	0	0	1	1
70	Kirghizistan	0	0	1	1
70	Koweït	0	0	1	1
70	Macédoine	0	0	1	1
70	Qatar	0	0	1	1
70	Sri Lanka	0	0	1	1
TOTAL		301	299	328	928

Toutes les photographies de cet album sont de DPPI-SIPA :

Vedat Açikalin, Zafer Akdoganu, Franck Faugère, Daniel Forster, Thierry Gromik, Igor Meijer, Philippe Millereau, Frédéric Nebinger, David Nivière, Pascal Rondeau, Blake Sell, Jean-Paul Thomas, Mete Zihnioglu, et des agences associées EMPICS, SCANPIX, et EFE.

Conçu et réalisé par Copyright pour les Éditions Calmann-Lévy

Conception graphique : Raphaël Thierry
Maquette : Gildaz Mazurié
Coordination éditoriale : Isabelle Raimond
Imprimé en Espagne